Elaboración de platos combinados. HOTR0015

Antonio Caro Sánchez-Lafuente

ic editorial

Elaboración de platos combinados. HOTR0015
© Antonio Caro Sánchez-Lafuente

1ª Edición

© IC Editorial, 2024

Editado por: IC Editorial
c/ Cueva de Viera, 2, Local 3
Centro Negocios CADI
29200 Antequera (Málaga)
Teléfono: 952 70 60 04
Fax: 952 84 55 03
Correo electrónico: iceditorial@iceditorial.com
Internet: www.iceditorial.com

ISBN: 978-84-1184-428-4
Depósito Legal: MA-2451-2024

Impresión: PODiPrint
Impreso en Andalucía – España

Nota de la editorial: IC Editorial pertenece a Innovación y Cualificación S. L.

Especialidad formativa

Se entiende por especialidad formativa la agrupación de contenidos, competencias profesionales y especificaciones técnicas que responde a un conjunto de actividades de trabajo enmarcadas en una fase del proceso de producción y con funciones afines.

Las especialidades formativas de Uso General, Formación Complementaria, Formación Modular y las especialidades formativas dirigidas a la obtención de certificados de profesionalidad se incluyen en el Fichero de Especialidades del Servicio Público de Empleo Estatal para su gestión en todo el territorio nacional por cualquier Administración competente.

Las especialidades complementarias, pertenecen todas a la Familia profesional de Formación Complementaria (FCO) y tienen la consideración de formación transversal en áreas que se consideran prioritarias tanto en el marco de la Estrategia Europea para el Empleo y del Sistema Nacional de Empleo como en las directrices establecidas por la Unión Europea. Se consideran áreas prioritarias las relativas a tecnologías de la información y la comunicación, la prevención de riesgos laborales, la sensibilización en medio ambiente, la promoción de la igualdad, la orientación profesional y aquellas otras que se establezcan por la Administración competente.

Las especialidades de Certificado de profesionalidad tienen una duración especificada en su normativa reguladora.

En el resultado de la búsqueda, se muestran las unidades de competencia, todos los módulos formativos con su duración y las unidades formativas del certificado correspondiente, con su duración. Las horas del certificado, exclusivo de las especialidades de certificado de profesionalidad, con alta igual o superior a 2008, son las horas totales más las horas del módulo de Prácticas Profesionales no Laborales.

- ➲ **Si la especialidad tiene unidades formativas,** las horas totales, presencial, distancia, teleformación serán igual a la suma de esas horas de las unidades formativas de los distintos módulos, sin que se repita ninguna Unidad formativa.

➲ **Si la especialidad no tiene unidades formativas,** las horas totales, presencial, distancia, teleformación serán igual a las sumas de esas horas de los módulos formativos, eliminando las horas de los módulos repetidos.

https://sede.sepe.gob.es/especialidadesformativas/RXBuscadorEFRED/BusquedaEspecialidades.do

(Fuente: Servicio Público de Empleo Estatal)

Índice

Unidad de aprendizaje 1
Elaboración de platos combinados y aperitivos

1. Introducción	11
2. Definición y clasificación: platos combinados y aperitivos	11
3. Tipos y técnicas básicas: aprovisionamiento, elaboración y presentación	20
4. Decoraciones básicas de platos combinados	59
5. Aplicación de técnicas sencillas de elaboración y presentación	70
6. Aplicación de técnicas de regeneración y conservación: salado, secado, ahumado, especias, calor, frío, radiaciones y envasado al vacío	95
7. Resumen	130
Ejercicios de autoevaluación	133

Unidad de aprendizaje 2
Aplicación correcta de las normas de la calidad. Mejora de la calidad en platos combinados y aperitivos

1. Introducción	139
2. Concepto de calidad	139
3. Normas de calidad aplicadas a la restauración	142
4. Certificaciones de calidad en empresas turísticas	144
5. Resumen	159
Ejercicios de autoevaluación	161

Unidad de aprendizaje 3
Prevención y control de los insumos y procesos para tratar de evitar resultados defectuosos

1. Introducción	167
2. Formación de trabajadores	167
3. Mantenimiento de locales, instalaciones y equipos	169
4. Limpieza y desinfección	170
5. Control de plagas	174

6. Buenas prácticas de elaboración y manipulación   177
7. Análisis de peligros y puntos críticos de control (APPCC)   180
8. Resumen   187
    Ejercicios de autoevaluación   189

Glosario   193

Bibliografía   197

OBJETIVOS GENERALES

Los objetivos generales del **HOTR0015. Elaboración de platos combinados,** son los siguientes:

⮑ Elaborar platos combinados y aperitivos garantizando en todo momento la calidad del producto.

⮑ Definir y clasificar los diferentes tipos de platos combinados conociendo las características y condiciones ambientales que deben reunir.

⮑ Aplicar las normas de calidad durante el proceso de elaboración y manipulación de platos combinados, asegurando la calidad del servicio y llevando a cabo las buenas prácticas.

⮑ Describir las necesidades de prevención y control asociados a la elaboración de platos combinados y aperitivos para evitar resultados defectuosos.

Elaboración de platos combinados y aperitivos

Contenido

1. Introducción
2. Definición y clasificación: platos combinados y aperitivos
3. Tipos y técnicas básicas: aprovisionamiento, elaboración y presentación
4. Decoraciones básicas de platos combinados
5. Aplicación de técnicas sencillas de elaboración y presentación
6. Aplicación de técnicas de regeneración y conservación: salado, secado, ahumado, especias, calor, frío, radiaciones y envasado al vacío
7. Resumen

Objetivos

Definir y clasificar los diferentes tipos de platos combinados conociendo las características y condiciones ambientales que deben reunir.

→ Realizar y presentar platos combinados y aperitivos sencillos de acuerdo con la definición del producto, aplicando normas de elaboración básicas.

→ Realizar las operaciones de aprovisionamiento interno de géneros, interpretando fichas técnicas o procedimientos alternativos y formalizando los vales o documentos previstos.

→ Identificar y disponer correctamente los géneros, útiles y herramientas necesarios para la realización de platos combinados y aperitivos sencillos.

→ Aplicar técnicas sencillas de regeneración, elaboración y presentación de platos combinados y aperitivos sencillos, a partir de la información suministrada, siguiendo los procedimientos adecuados y cumpliendo las normas de manipulación de alimentos.

1. Introducción

Dentro del sector servicios, la oferta gastronómica de bares y cafeterías tiene como protagonistas los servicios de platos combinados y aperitivos. No obstante, la popularidad de este tipo de elaboraciones hace que en la actualidad, formen parte de la oferta gastronómica general en cualquier tipo de establecimiento y servicio.

El desarrollo de este tipo de ofertas gastronómicas facilita la gestión organizativa del establecimiento, asociándoles técnicas sencillas de: elaboración, regeneración, conservación y presentación, por lo que son muchos los establecimientos los que, o bien, se basan en ella, o complementan otras de distinta naturaleza.

A su vez, la oferta de platos combinados y aperitivos, se asocia con un tipo de servicio rápido e informal, lo que en la actualidad es muy valorado por el consumidor. Por todo ello, es de vital importancia adquirir conocimientos específicos tanto teóricos como prácticos por lo que nos basaremos en los hechos acontecidos en el bar-cafetería Maza.

2. Definición y clasificación: platos combinados y aperitivos

👉 HILO CONDUCTOR

El bar-cafetería Maza tiene una amplia oferta gastronómica basada en platos combinados y aperitivos. Este tipo de ofertas permiten un servicio rápido y eficaz. Además, algunas de las combinaciones ofertadas permiten cubrir nutricionalmente las necesidades del consumidor lo que propicia que un alto porcentaje de consumidores elijan para alimentación diaria este tipo de ofertas.

Con el fin de dar a conocer la oferta relacionada en torno a los platos combinados y aperitivos, a continuación se va a llevar a cabo desde su descripción, hasta una clasificación general, pudiendo atender a la temperatura de servicio, ingredientes, etc.

2.1. Plato combinado

El plato combinado es un plato de comida constituido por diversos alimentos. Existe una gran variedad de ellos, ya que existe una enorme cantidad de combinaciones.

Por lo general, son preparaciones sencillas, rápidas y cómodas de elaborar, donde la combinación de los alimentos que vayan a formar el plato debe ser óptima, es decir, que estos alimentos sean compatibles entre sí en cuanto al sabor, aunque sean totalmente diferentes.

Es muy importante su presentación, ya que con una buena combinación de alimentos, y a ser posible un bonito colorido, resultará mucho más apetitoso a la vista del comensal. Esto es importante porque en la mayoría de establecimientos donde se sirven este tipo de platos, se suelen exhibir las fotografías de estos, bien en las cartas o bien en algún lugar visible del establecimiento.

Ejemplo de composición de plato combinado

Este tipo de comidas es típico en cafeterías y *snack*-bar. El coste va a variar dependiendo de la composición del plato y la calidad de los alimentos que lo forman, de ahí que haya algunos con precios elevados.

La elaboración de sus ingredientes es la misma que la del resto de platos no combinados, lo único que varía es la cantidad y la presentación.

SABÍAS QUE...

En la actualidad la oferta de platos combinados y aperitivos se incluye en la oferta de las empresas de *vending*, lo que facilita aún más su elección.

Clasificación. Platos combinados

La combinación de alimentos que configuran el plato debe ser óptima, es decir, tienen que ser compatibles entre sí en cuanto al sabor, aunque sean totalmente diferentes.

Desde el punto de vista dietético serán mejores aquellos que combinen un mayor número de grupos de alimentos (carnes, pescados, verduras, etc.) que aportarán al organismo proteínas, fibra, vitaminas, hidratos de carbono, etc.

Una posible clasificación de estos platos es atendiendo a sus ingredientes, a sus calorías, a su temperatura de servicio, etc. Si la combinación del plato se basa atendiendo a sus ingredientes, se obtendría:

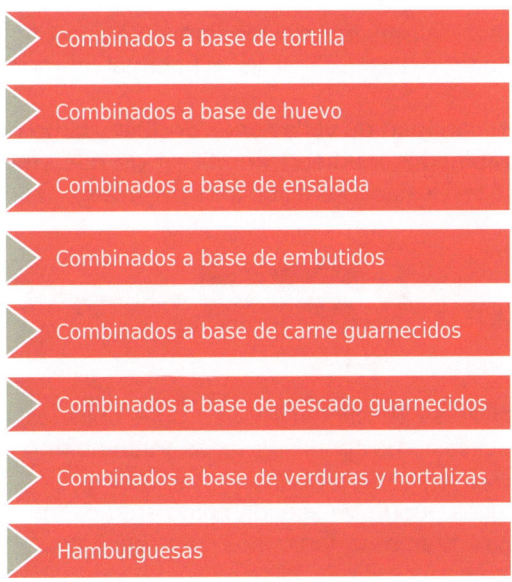

Combinados a base de tortilla

Combinados a base de huevo

Combinados a base de ensalada

Combinados a base de embutidos

Combinados a base de carne guarnecidos

Combinados a base de pescado guarnecidos

Combinados a base de verduras y hortalizas

Hamburguesas

Continúa en página siguiente >>

<< Viene de página anterior

> Perritos calientes

> Pepitos

> Sándwich

 **RECUERDA**

Un plato combinado está constituido por diversos alimentos combinados en un solo plato. Existe una gran variedad, debido a la enorme cantidad de posibles combinaciones.

2.2. Aperitivos

El aperitivo es la comida que se toma para abrir el apetito, normalmente antes de la comida principal del mediodía. Se acostumbra a realizarse en fechas señaladas o días festivos, no es habitual que se haga a diario.

Existe gran cantidad de variaciones posibles, tanto de aperitivos como de platos combinados, pudiéndose utilizar de diferentes maneras. Entre los aperitivos más destacados están los siguientes:

| Canapés | Empanadas | Quiches | Saladitos |

Pueden utilizarse indistintamente en bufé, cócteles, recepciones, etc., pudiendo servirse como aperitivos, tapas, tentempiés o refrigerios.

Algunas veces puede ser servida como entrada en una comida, formando parte de los entremeses, tanto fríos como calientes.

Hoy día, se han convertido en todo un símbolo de distinción, ya que aunque en su elaboración pueden emplearse productos que llegan ya preparados, su confección es muy laboriosa, ya que requieren una impecable presentación, en la que más que el contenido importa el aspecto que ofrecen, que los convierte en pequeñas obras de arte de la gastronomía.

Ejemplo de aperitivo servido en formato de canapé

Su presentación en bandejas o fuentes ha de obedecer a dos principios fundamentales:

> La ordenación de los mismos por sus elementos de composición.

> La ornamentación de la fuente de una forma apetitosa, esta nunca ha de estar saturada.

El servicio de aperitivos guarda una especial relación con la estética de su montaje, siendo parte fundamental junto con la combinación de ingredientes.

NOTA

Los aperitivos tienen cada vez más relevancia en los actos sociales.

Clasificación. Aperitivos

La oferta de aperitivos contempla el servicio de canapés, encurtidos, frutos secos e incluso las bebidas, no estando estas últimas contempladas por no considerarse una elaboración culinaria.

Canapés

En el mundo de la gastronomía, se conoce al canapé como un pequeño bocado que sirve como aperitivo o como un pequeño alimento antes de que se sirvan los platos principales o centrales. Entre sus características es importante describir:

Variedades

Los canapés suelen encontrarse en infinitas variedades de opciones, dulces, salados, ácidos, etc., así como también en numerosas formas y sabores, con o sin decoración, con ingredientes comunes o *gourmet*. Una de las características que siempre se mantiene es su pequeño tamaño, su practicidad para ser consumido (generalmente se consume con la mano) y su delicioso sabor.

Normalmente, los canapés mezclan diferentes sabores en una sola unidad, por lo cual se puede lograr una combinación interesante de colores, texturas, sabores y formas. De este modo, los canapés son siempre una parte colorida, elegante y atractiva de cualquier fiesta. Además, al ser tan fáciles de consumir, los invitados suelen elegir varios tipos de ellos, y pueden repetirlos una y otra vez de acuerdo a sus intereses.

Los canapés se identifican por su pequeño tamaño, así como por la combinación de ingredientes.

Origen

Los canapés son uno de los elementos más característicos de la gastronomía francesa, ya que los mismos suelen ser elegantes, refinados y deliciosos.

Es difícil establecer en qué momento los canapés empezaron a ser utilizados en ceremonias y celebraciones. Sin embargo, se pueden encontrar registros de diferentes tipos de alimentos que actuaban como canapés hace muchos siglos, lo cual habla de que a pesar de relacionárselos con la gastronomía francesa, la idea de canapé o de alimento pequeño previo al plato principal existía ya desde antes que esta.

Servicio

Los canapés se suelen servir en una celebración como primer aperitivo.

Dependiendo del tipo de reunión, pueden ser el primer elemento que será continuado por otros platos, o bien ser el único tipo de alimento que se sirva en la reunión, en cuyo caso la variedad y la abundancia de los mismos deberán ser mayor para poder facilitar a todos los invitados la consumición apropiada. Estos pueden ser servidos en bandejas o estar colocados en la mesa para que la gente tome el que más le guste.

Los canapés pueden adoptar diferentes formas geométricas, siendo además complementados con menaje característico como pequeñas cucharitas.

Encurtidos

Los encurtidos son frutos y yemas de plantas conservados en vinagre, que se comen como entremeses o como tapas. Entre ellos se encuentran aceitunas, alcaparras, cebolletas, altramuces, berenjenas y pepinillos. Los encurtidos tienen un canal de venta similar al de los frutos secos, golosinas y aperitivos.

Están presentes en el sector de la alimentación, principalmente en las tiendas de ultramarinos donde es frecuente encontrar recipientes que contienen encurtidos junto a otros con almendras, patatas, etc. La proximidad entre estos productos es fácil de apreciar también por la calle, ya que es habitual ver a personas paseando mientras comen algún tipo de estos.

Normalmente, se sirven como aperitivo y los más utilizados para este fin son las aceitunas, las banderillas y los pepinillos; aunque también se pueden destacar las alcaparras.

El menaje utilizado para el servicio de los encurtidos también transmitirá un valor añadido.

SABÍAS QUE...

El ingrediente principal característico de todo encurtido es el vinagre.

Frutos secos

Según el Código Alimentario Español (CAE), los frutos secos son aquellos cuya parte comestible posee en su composición menos del 50 % de agua.

La calidad de los frutos secos se verá determinada por el tipo de producto o materia prima, así como por el tratamiento llevado a cabo en su elaboración o los ingredientes adicionados a este, siendo una de las posibles variables a destacar la aportación o no de sal o el tratamiento térmico utilizado (tostado, frito), existiendo además la posibilidad de su servicio como producto crudo. Al mismo tiempo, productos que por sus características no se pueden considerar frutos secos, pueden llegar a formar parte de esta familia, siendo características las pasas, orejones, ciruelas, etc.

Ejemplo de presentación de diferentes frutos secos

 **NOTA**

Los frutos secos deberán almacenarse en lugares frescos y secos, al abrigo de la luz y en envases herméticos, si es posible, dada que la materia grasa que contienen les confiere tendencia al enranciamiento.

ACTIVIDAD COMPLEMENTARIA

1. El menaje utilizado para la presentación de los aperitivos puede llegar a ser un elemento diferenciador.

   Lleva a cabo una búsqueda sobre el menaje actual desarrollado para la presentación y servicio de este tipo de oferta gastronómica (aperitivos).

3. Tipos y técnicas básicas: aprovisionamiento, elaboración y presentación

 HILO CONDUCTOR

En la oferta gastronómica del bar-restaurante Maza destacan los platos combinados con base de ensalada, para ello cuenta con proveedores locales que a su vez ofertan productos de cercanía y de primera calidad. Los ingredientes utilizados como aderezo también incluyen entre sus ingredientes, el aceite de oliva virgen extra, producto de gran valor nutricional.

A la hora de crear un nuevo plato o aperitivo se puede proceder mediante una técnica muy sencilla, esta consiste en elegir una serie de productos que se complementen y combinen entre sí, analizando cuál es la relación más adecuada, las técnicas de cocina que se van a utilizar y saber cuál será la terminación de estos.

Tanto los aperitivos como los platos combinados se preparan siguiendo los principales métodos de elaboración, estos son fritura, cocción al vapor, parrilla, braseado, confitado etc. Y las técnicas de conservación básicas más conocidas son el adobo, el escabeche, la refrigeración, la congelación, la liofilización, etc.

3.1. Tipos de aperitivos sencillos

Hasta hace poco tiempo, los aperitivos consistían casi exclusivamente en embutidos y fiambres, más algunos preparados en forma de ensaladas y ensaladillas y unos pocos fritos rápidos. Sin embargo, hoy, la gastronomía de cierta altura y todas, por humildes que sean, pretenden serlo en calidad, ofrece una diversidad que parece no tener límites: elaboraciones de patés, fiambres y conservas, tanto de pescados como carnes, etc.

Tipo de aperitivo

Desde el punto de vista nutritivo, los embutidos y fiambres son alimentos muy discutidos, precisamente por la cantidad de grasas de origen animal que intervienen en su composición.

Una variedad muy importante de aperitivos son los canapés, los encurtidos y los frutos secos. Así como en menor medida las empanadas, los quiches, los saladitos y sándwich, siendo estos últimos los más variados en la restauración moderna.

Canapés

Son una rebanada de pan con una forma y grosor variable, guarnecida con una preparación, siendo esta muy diversa. Pueden utilizarse, en ocasiones, como entrada en una comida, formando parte de los entremeses tanto fríos como calientes.

Ejemplo presentación de canapés fríos

Canapés fríos

Adquieren una gran importancia por su colorido, decoración y presentación, teniendo diversas combinaciones. Se pueden elaborar de distintas maneras, sobre una base sólida en pan de molde, en pan negro, tartaletas, barquillas, *crackers,* pequeños hojaldres, etc.

Sobre pan de molde o pan negro

A este tipo de canapé es posible añadirle cualquier tipo de fiambre, pescado ahumado o quesos curados, todos cortados en finas lonchas, que seguidamente se cortarán en distintas formas, ya sea a mano o con corta pastas, dándoles la forma de triángulos, rombos, redondeles, estrellas, etc., siempre añadiéndoles encima un elemento que combine bien con ellos y que sirva de motivo de decoración.

El pan suele ser untado con mantequilla para que resulte más jugoso, además sirve como elemento de unión entre el pan y el fiambre.

Entre los ingredientes que se pueden añadir se encuentra el jamón cocido, el jamón serrano, salchichón o salami, salmón ahumado, anguila, etc.

Para dar brillo al canapé, se puede añadir gelatina en la superficie del ingrediente principal.

Sobre pan cortado

Se dispone de distintas farsas y mantequillas compuestas, tiradas con una boquilla rizada o plana, pudiendo ser de roquefort, aguacate, *foie gras,* etc. Este tipo de pan, al tener más consistencia, aguanta elaboraciones más pesadas.

Ejemplo de presentación de canapé con base de pan cortado

Sobre tartaletas y barquillas

Se puede disponer de distintos rellenos a base de múltiples elementos como pollo, gambas, cremas consistentes, etc., estas permiten elaboraciones semilíquidas, en general, siempre que se trabajen en el momento de servir.

También existen diferentes farsas de *mousse,* tanto dulces como saladas, estando las de atún, queso, etc.

Ejemplo de canapé con base de tartaleta

Sobre cracker, petit choux, vol-au-vent y pequeños hojaldres

Se puede disponer igualmente de farsas o rellenos de diferentes elementos como aguacate, atún, huevo duro, queso roquefort, queso blanco, pollo, ensaladilla, cóctel de langostinos, etc. Normalmente son elaboraciones saladas.

Mini vol-au-vent *utilizado en el montaje de canapés*

Otras versiones

Hay otras elaboraciones que aunque no correspondan a la definición de canapé, en su justa medida son también asiduas en los cócteles. Como ejemplo se pueden nombrar:

Rollitos	- De jamón cocido y huevo hilado, salmón con pepinillos, etc.
Fiambres de calidad	- Jamón ibérico en virutas, lomo y chorizo ibérico en dados, etc.
Pinchos	- En ocasiones se elaboran una especie de pinchitos, ensartando en unos palillos especiales varios elementos que combinen entre sí, tanto por el colorido como por sus cualidades gustativas.

Ejemplo de aperitivo servido en brocheta combinando varios elementos

Canapés calientes

Al igual que los canapés fríos, los canapés calientes también pueden estar formados por distintos ingredientes. Su clasificación va a ser muy compleja por lo que se debe hacer según su forma de elaboración y su posterior presentación, así, es posible diferenciar los siguientes.

Fritos

Los canapés fritos son los más variados por su fácil terminación, pudiendo tener una buena *mise en place* y solo tener que darles un golpe de gran fritura para su servicio.

Los aperitivos fritos suelen ser empanados o rebozados, utilizando diferentes técnicas como a la inglesa, a la romana, *villaroisse*, múltiples gachillas, etc. O bien utilizar algún elemento graso que los recubra y ayude a darle un mayor atractivo a su presentación, como pueden ser el bacón o el tocino. Un ejemplo muy conocido son los dátiles con bacón.

Las croquetas, fingers, aros de cebolla, bastones de verduras y langostinos en tempura y orly son algunos de los ejemplos de este tipo de aperitivos.

Gratinados

La base utilizada para estas elaboraciones suele ser la misma que la de los canapés calientes, pero para su finalización, la preparación es gratinada. Se suele elaborar con tostadas o tartaletas. Algunas de sus recetas pueden ser champiñones a la crema, mejillones gratinados, riñones de cordero al jerez, espinacas con huevo, etc.

La salsa bechamel, holandesa y las derivadas de estas son utilizadas en la elaboración de este tipo de productos.

Horneados

Este tipo de aperitivo requiere un gran conocimiento de los tiempos de cocción de los alimentos, para prevenir su puesta a punto y así el cóctel se desarrolle con normalidad. Estos también son muy variados. Entre ellos se pueden destacar los quiches, los *bouches* de carne y marisco, los *petit choux* rellenos de queso caliente, pequeños hojaldres y cruasanes salados.

Las masas hojaldradas y escaldadas, las pastas brick y filo, son base de utilización para este tipo de aperitivos.

Otras versiones

Al igual que con los aperitivos fríos, la variedad en torno a las técnicas culinarias y de presentación adoptadas en el servicio de aperitivos calientes es muy amplia, pudiendo utilizarse brochetas, vasos, etc., así como técnicas culinarias concretas como puede ser el asado en espeto, a la plancha y salteados, observándose una gran variedad. Sirvan como ejemplo los siguientes:

Pincho de tortilla española

Fritura de pescado

Montadito de lomo y queso

Chorizo al vino

Encurtidos

Siendo una técnica de conservación en la que el vinagre es el ingrediente principal, su ofrecimiento como aperitivo es muy común, existiendo incluso productos en base a este tratamiento con denominación de origen. Un ejemplo de estos productos son los que se describen a continuación.

Alcaparras

Son plantas que producen unas inflorescencias semejantes a pequeños higos, que se emplean como condimento y como encurtido.

Su recolección es difícil de evaluar, ya que la recolección se realiza, en su mayor parte, de plantas silvestres. Hoy día, se comercializa tanto solo como acompañado de otro encurtido, como puede ser el ajo.

Alcaparras

Berenjenas

La berenjena es una planta solanácea de huerta, cuyo fruto está envuelto en una delgada piel. La piel de la berenjena es comestible.

Su comercialización en encurtido no es muy común. Las berenjenas, para ser preparadas en encurtido tienen que ser escogidas, utilizando solo las de más alta calidad. Se pueden encontrar en conserva, pero como su realización es fácil, ha tardado en incorporarse al mercado competitivo.

A la hora de preparar las berenjenas para encurtidos, se cortan en julianas una vez peladas, y se ponen en agua fría con sal, durante tres horas aproximadamente. Luego se retiran y se escurren bien. Se acompañan de ajo en *brunoise* y se agregan junto con el orégano, vinagre, aceite de oliva, sal y pimienta, al gusto.

Cuando se comercializan, suelen venir acompañadas de cebolla, pimiento o peperoncino picante.

Berenjenas encurtidas

_____

Pepinillo

Hoy día, se pueden encontrar ya hechos y en conservas, pero su realización, al igual que la de otros encurtidos, es muy fácil.

En su procedimiento, hay que lavar bien los pepinillos y colocarlos en una bandeja, cubriéndolos totalmente con sal gruesa y dejándolos así durante un día. Esto es para que vayan cocinándose y sudando sus jugos.

Cuando haya pasado ese tiempo, hay que secarlos uno a uno con un repasador limpio y dejarlos secar en un lugar fresco y seco, bien separados, por otro medio día más. Luego hay que colocarlos dentro del frasco, al que se añadirá una cucharada de granos de pimienta y alguna hierba aromática como tomillo, estragón, orégano o salvia. Por último, hay que hervir en vinagre blanco y completar el frasco con él. Una vez hecho esto, hay que dejar enfriar y esperar algunos días para degustarlos.

Pepinillos

Aceituna de mesa

Siendo el fruto del olivo, es uno de los aperitivos más consumidos, pudiendo además estar presente en platos cocinados, ensaladas, pastas, embutidos.... Además de existir diferentes variedades, su comercialización diferencia entre: con hueso, sin hueso, rellenas,...

Variedad de aceitunas encurtidas

Otros encurtidos

Otros encurtidos presentes en la oferta gastronómica son:

Zanahorias	Cebolletas	Coliflor	Pimientos rojos

Ejemplo de tipos de encurtidos

Frutos secos

Aunque la oferta que brinda el mercado con respecto a los frutos secos es muy amplia, es en los últimos años, con la importación de otros países, cuando la variedad y calidad se ha visto más incrementada.

Anacardo

Es el fruto del *Anacardium Occidentale,* es un árbol de 10 a 12 m, de copa redondeada y de grandes hojas persistentes. Sus flores, de un rosa vivo, forman racimos caídos en el extremo del árbol. La semilla única aparece colgada de la flor, dentro de una cáscara que se parece a una gran alubia. Esta semilla presenta un olor y un sabor muy aromáticos. Se consume tostada y salada.

Anacardos tostados

Nuez

Es el fruto del nogal, un árbol que puede alcanzar los 25 m de altura. Su tronco macizo se divide en ramas que bifurcan en todos sentidos. Su copa es amplia. Su fruto se suele consumir crudo, aunque también es muy apreciado en preparaciones pasteleras.

Nueces

Almendra

No es el fruto, sino la semilla del almendro, por eso su alto valor nutritivo. Existen almendras dulces y almendras amargas. Las amargas son muy utilizadas en farmacia, mientras que las dulces se degustan frescas o tostadas. Se utilizan mucho en repostería (turrones, pasteles, etc.).

Almendras

Avellana

Es el fruto del avellano. En otoño aparecen las avellanas en su cáscara de madera pulida, envueltas de un collar verde claro. Las avellanas se suelen consumir tostadas.

Avellanas

Pistacho

Es el fruto del árbol que tiene el mismo nombre, pistacho. En el pistacho, las drupas vienen en racimos muy apretados. El pistacho, de sabor muy fino, se suele consumir tostado.

Pistacho

Cacahuete

Es el fruto de la *Arachis Hypogagea*. Cuando la flor es fecunda, su soporte se alarga hasta tocar el suelo, donde entierra un minúsculo ovario que se hincha en forma de vaina: es el cacahuete. Se suele consumir tostado bajo una fina cáscara que cruje en el aperitivo.

Cacahuetes

3.2. Tipos de platos combinados

Dada la definición de plato combinado, es importante destacar que su servicio debe presentar una oferta equilibrada, pudiendo estar basada en el servicio de sándwiches, tortillas, ahumados, embutidos, etc., o incluso una combinación de ellos.

Sándwiches

Se pueden definir como un emparedado, hecho con dos rebanadas de pan, que contienen en su interior una preparación simple o compuesta a base de charcutería, hortalizas crudas, carnes frías, conservas o pescados ahumados, queso, etc., todo ello cortado en finas lonchas o fragmentos.

Principalmente se hacen con pan de molde, pudiendo ser normal, integral, con cereales, etc. También se utilizan panecillos, bollos de leche y medias noches.

Una vez que se tiene el pan, en la preparación del sándwich se suelen utilizar distintos elementos como guarnición, como mayonesa, mantequilla, encurtidos, etc.

En los establecimientos hosteleros no solo se sirven como pequeños aperitivos, sino que también forman parte de la carta de los *snack*-bar y de las cafeterías. En algunas ocasiones, se pueden servir en los desayunos o comidas de trabajo. Se suelen presentar con forma triangular, pudiendo ser fríos o calientes, siendo estos últimos elaborados al momento. Se pueden nombrar, entre otros, los siguientes:

> Sándwich mixto

> Sándwich de jamón

> Sándwich de *roast-beef*

> Sándwich de ahumados

> Sándwich de atún

> Sándwich vegetal

> Sándwich de pollo

Sándwiches elaborados con base de pan de molde integral

Combinados a base de tortilla

Se puede conseguir una gran lista de platos combinados a base de tortilla, ya que estas se pueden poner simples o compuestas, con diferentes ingredientes como relleno (tortillas guarnecidas) o acompañamiento (tortillas con guarnición). Entre otras combinaciones, se pueden nombrar los siguientes:

> Tortilla de atún con ensalada

> Tortilla francesa con tomate natural

> Tortilla de espárragos con patatas *chips*

> Tortilla de patatas con lechuga y tomate

> Tortilla de gambas con cogollos de lechuga y ajo frito

Plato combinado compuesto por tortilla liada, beans, salchichas, rollitos de pavo y pan de molde tostado

Combinados a base de huevos

Se puede elaborar una gran variedad de platos combinados a base de huevo, solo hace falta freírlos y buscarle distintas guarniciones. Así se obtienen platos como:

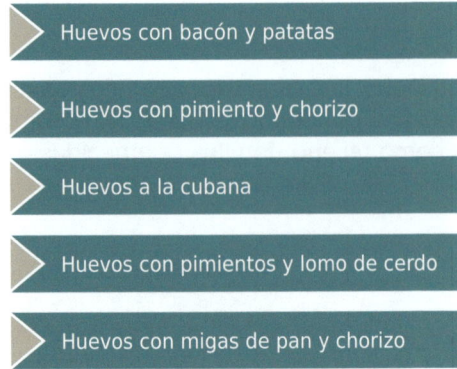

> Huevos con bacón y patatas

> Huevos con pimiento y chorizo

> Huevos a la cubana

> Huevos con pimientos y lomo de cerdo

> Huevos con migas de pan y chorizo

Huevos con salchichas y bacón

Combinados a base de ensaladas

Estos son los que más colorido y variedad pueden mostrar. Son muy apropiados para temporadas veraniegas y, en la mayoría de las ocasiones, son compartidos por varias personas como plato de entrada.

Según la temporada, los ingredientes serán unos u otros, pero siempre deben ser frescos y de primera calidad. Las ensaladas pueden ser frías o templadas, simples o compuestas y ensaladas americanas. Como ejemplo de estas categorías se pueden citar:

Ensaladas frías
- Sus ingredientes se sirven fríos, son las más refrescantes y ligeras. Se pueden nombrar:
    - Mezclum de lechugas con queso de cabra y miel.
    - Canónigos con mostaza, *cherrys* y nueces.
    - Cogollos de lechuga con salmón ahumado y vinagreta de cítricos.

Ensaladas templadas
- En ellas, al menos un ingrediente se sirve caliente. Se pueden nombrar:
    - Ensalada tibia de langostinos asados.
    - Cogollos de lechuga con ajos fritos y jamón al horno.
    - Mezclum de lechugas con virutas de pollo a la parrilla.

A su vez, el servicio de ensaladas permite una clasificación en base a sus ingredientes. Así, se diferencia entre:

Ensaladas simples
- Están compuestas por un solo ingrediente.

Ensaladas compuestas
- Están compuestas por más de un ingrediente, pudiendo ser frío o caliente.

Ensaladas americanas
- Su base fundamental es la lechuga, adicionadas en mayor medida con frutas, patata cocida, y adicionada con innumerables ingredientes.

Diferentes combinados a base de ensalada

Combinados a base de embutidos y ahumados

Estos combinados son conocidos como platos surtidos. Su elaboración debe ser lo más cercana al servicio, y esta suele usar ingredientes de primera calidad. Las chacinas ibéricas son las más utilizadas. Así como quesos y ahumados de calidad.

Los productos utilizados para la realización de estos platos se caracterizarán por un corte fino, que permitirá una mayor apreciación de las características de los ingredientes. Se suelen acompañar de pan crujiente, tipo *cracker* o picos, así como también de jaleas y frutos secos en los quesos. Se pueden citar:

Combinado a base de productos ibéricos (jamón, lomo, salchichón y chorizo ibéricos)

Combinado a base de productos ahumados (salmón, bacalao, atún y anchoas ahumadas)

Combinado a base de quesos (manchego, roquefort, emmental, gruyer, etc.)

Combinados a base de carne o pescado guarnecido

Estos son servidos como platos principales, son los de más alto costo y más difícil ejecución.

El elemento principal (carne o pescado) debe reunir una serie de condiciones como son: peso determinado, calidad mínima aceptable, cumplir las normativas vigentes sobre higiene y calidad alimentaria, etc.

Según el tipo del establecimiento donde se desarrollen, tendrá características diferentes, teniendo desde platos suculentos y sin calidad hasta platos dignos de la más alta gastronomía, donde se combinan materias primas exquisitas.

Platos combinados de pescado
- En estos, su ingrediente principal es el pescado, pudiendo estar frito, a la plancha, adobado, marinado, cocido, etc. Incluso guarnecido, según la elaboración principal. Así, un plato combinado en el que el ingrediente principal esté cocinado al vapor, combinará muy bien con verduras y tallos cocidos o frescos, acompañado de alguna salsa grasa (mayonesa, tártara, etc.).

Platos combinados de carne
- En estos, su ingrediente principal va a ser la carne, pudiendo estar frita, a la plancha, a la parrilla, asada, etc. Así como al pescado le acompañan muy bien las verduras al vapor, la carne se suele acompañar de productos fritos como patatas, pimientos, etc.

Ejemplo de platos combinados a base de carne

Combinados a base de verduras y hortalizas

En este tipo de platos no hay un ingrediente principal, sino que suele ser un combinado de verduras cocinadas y aliñadas o adicionadas de alguna salsa. Los combinados a base de verduras y hortalizas siempre se servirán en caliente, pudiendo proceder a su elaboración con diversas técnicas como pueden ser: el asado, la parrilla, o la cocción al vapor. Siendo el panaché un ejemplo característico, representado por diferentes verduras, con cortes y cocciones diferentes (salteado, asado, cocción al vapor...).

Panaché

Hamburguesas, pepitos y perritos calientes

Este tipo de platos son los más consumidos por la sociedad moderna, en los países más desarrollados, son hoy día el fundamento de la dieta, existiendo una oferta innumerable, debido al ritmo de vida que se lleva.

Es un plato económico y rápido de preparar. Se caracteriza por su ingrediente principal, que va introducido entre una pieza de pan.

Según sea la elaboración, el pan tendrá una forma peculiar. Así se utiliza el pan alargado para el perrito, redondo con semillas para la hamburguesa y redondo y plano para el pepito.

Los ingredientes que normalmente acompañan a este tipo de elaboraciones son fritos, pudiendo nombrar las patatas, aros de cebolla, crujientes de pollo, etc. También suelen ser acompañados por infinidad de salsas como son *ketchup,* mostaza, mayonesa, etc.

3.3. Técnicas básicas

Cocinar los alimentos consiste en transformarlos, mediante calor, para facilitar su masticado, digestibilidad, transformar y realzar su sabor, y además, como consecuencia directa de la aplicación de calor, eliminar riesgos sanitarios.

Las técnicas o sistemas de cocinado pueden ser muy diversos, y dependen en muchos casos de la naturaleza y racionado del producto. Por la forma de transmisión de calor al interior del producto se pueden agrupar en:

Conducción	- El calor pasa de cuerpos con temperatura elevada, a cuerpos con temperatura más baja, al entrar en contacto los cuerpos entre sí y al ser sus temperaturas diferentes, se produce un intercambio de calor que continúa hasta equilibrar la diferencia de temperatura inicial.
Convección	- Se realiza mediante fluidos, aire, vapor o agua, que están a temperaturas diferentes. Existen dos tipos de convección: convección viva y convección forzada.
Radiación	- Cualquier cuerpo caliente emite al espacio una radiación de calor. Esta energía no necesita ningún vehículo para su transmisión. Este calor puede utilizarse para transmitir calor por convección y por conducción.

 IMPORTANTE

Todas las técnicas básicas utilizadas en cocina para cualquier preparación, son aplicables a estas preparaciones. Tanto los platos combinados como los aperitivos están fundamentados en materias primas básicas, como cualquier elaboración culinaria.

Asado

Consiste en cocinar un género con un mínimo de grasa, de forma que quede dorado en la parte externa y jugoso en el interior. Se aplica a géneros tiernos. Se pueden distinguir varias formas de asar, dependiendo del tipo de generador de calor y del tamaño de la pieza:

Al horno	A la plancha	A la parrilla
En espetón	En salamandra	En costra (comestible o no comestible)

Una variante del asado en espetón es el llevado a cabo de forma tradicional en la costa andaluza, demonizándose espeto, siendo utilizado para la cocción de pequeños pescados o pescados de ración, siendo el más característico la sardina.

Braseado

Consiste en someter a los géneros a un cocinado lento y prolongado, en contacto con otros ingredientes de condimentación como hortalizas, vino, agua, fondos, etc.

Primero se da un fuerte golpe de calor a la pieza, normalmente de gran tamaño para tapar sus poros, seguidamente se acompaña con las bresas y se moja generosamente con vino, agua o fondos. El calor se transmite de forma mixta, por conducción y por convección. Este tipo de cocinado se puede realizar en el horno, tapando el género para que no se tueste en exceso, o en recipientes cerrados en los que los vapores que se generen actúen como fluido de convección.

Cortes o piezas cárnicas como el redondo de ternera son muy propicias a este tipo de cocción.

 DEFINICIÓN

Bresa
Conjunto de verduras (cebollas, zanahorias, puerros y ajos, cortados a trozos y aromatizados con hierbas aromáticas) que se utiliza para los asados.

Hervido

Se trata de cocinar un producto en un fluido, llevado a ebullición. En base a la técnica o medios utilizados es posible diferenciar entre los siguientes:

Convencional	- Es cuando el fluido es agua o algún fondo, e incluso leche. Se puede partir de líquido frío o desde líquido caliente.
Al vapor	- Se hace mediante hornos de convección vapor o en vaporeras. Es el mejor sistema de cocción para pescados, mariscos y hortalizas.
Al baño maría	- Consiste en colocar un recipiente dentro de otro que contenga agua al borde de la ebullición, para que el producto o la elaboración contenida en el primer recipiente se cocine muy lentamente.

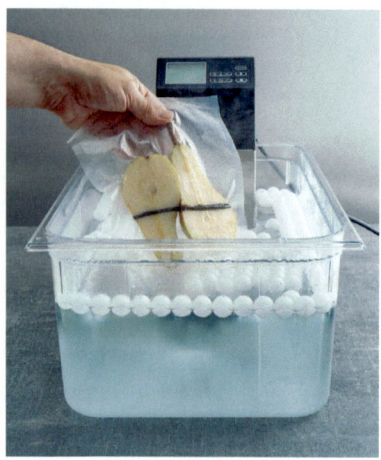

Actualmente la cocción al baño maría cuenta con el uso de los denominados Ronner, maquinaria específica que junto con las técnicas de envasado al vacío permiten una regulación exacta de temperatura de cocción, consiguiendo texturas, aromas y sabores característicos.

 SABÍAS QUE...

Siempre que se quiera preservar el color verde intenso de las verduras cocidas, se deberán refrescar para cortar la cocción y no destruir las vacuolas.

Fritura

Consiste en el cocinado del producto mediante inmersión en aceite o grasa muy caliente, de manera que se forme una costra en el exterior, y el interior quede jugoso. Se emplea para piezas pequeñas o troceadas que sean tiernas. Pueden freírse directamente o con rebozado, siendo las especificaciones propias de cada una de estas técnicas las siguientes:

Sin rebozado	Con rebozado
- Se emplea para elaboraciones fritas que no sueltan agua al freír o que forman costra con facilidad, y por ello, no necesitan un rebozado exterior. Para esta elaboración se utilizan: huevos, patatas, empanadillas, buñuelos, etc.	- Genéricamente, rebozar es envolver un género con harina, huevo o alguna pasta de freír para que forme una costra alrededor del producto, de modo que no suelte su jugo o incluso evite que se salga el relleno. Se pueden distinguir enharinado, rebozado, empanado, orly, tempura...

 **NOTA**

De todos los posibles elementos grasos, el aceite de oliva es el producto que ha demostrado mayor idoneidad para la fritura.

Salteado

Consiste en cocinar con un poco de grasa caliente el producto principal, junto a ingredientes de condimentación, a fuego vivo para que se dore rápidamente, o se abran, para servir de inmediato o terminar con salsa. Se emplea para pequeñas piezas enteras o géneros troceados, siempre que sean tiernos.

Ejemplo de salteados

ACTIVIDAD COMPLEMENTARIA

2. La inclusión de nuevas técnicas culinarias hace posible ver como algunos establecimientos introducen técnicas de transformación como la denominada "sal viva", desarrollada por el equipo de Ángel León.

   Lleva a cabo una búsqueda sobre esta técnica, así como de otras técnicas desarrolladas en base a la conservación o transformación de los alimentos.

3.4. Aprovisionamiento

Conocidas las principales técnicas dirigidas a la elaboración y presentación de los platos combinados y aperitivos, es necesario centrarse en la descripción de los procesos relacionados con el aprovisionamiento, tanto interno como externo, dando a conocer tanto el proceso, como la documentación requerida.

Aprovisionamiento externo

Para que el aprovisionamiento externo de un establecimiento se realice de forma correcta deben seguirse una serie de fases en una secuencia lógica, que comenzarán con detectar la necesidad y finalizarán con el almacenamiento de los productos:

Detección de necesidades
- Consiste en definir qué comprar, cuánto y para cuándo. El Departamento de Compras recibirá la solicitud, asesoramiento y/o apoyo de otros departamentos implicados si los hubiera. Es importante tener en cuenta las necesidades del establecimiento para un correcto abastecimiento, estas necesidades las determina el gusto del cliente, así como la categoría de la empresa.

Completar el formato de orden/solicitud de compra
- El departamento interesado en la compra rellenará la orden de compra. En algunos casos, es posible poner precio y proveedor, si estos ya están autorizados o fijados de antemano.

Continúa en página siguiente >>

<< *Viene de página anterior*

Búsqueda, selección y acuerdo con el proveedor
- Una vez que el Departamento de Compras recibe la solicitud, se encarga de buscar presupuestos de proveedores (para artículos no habituales), estableciendo con ellos otras condiciones como fecha de entrega y tipo de pago. Después muestra todos los presupuestos a la Dirección de la empresa para elegir el más apropiado (no siempre el más barato). Para artículos habituales ya se suelen tener establecidos uno o varios proveedores a los que hacer los pedidos.

Autorización de la compra
- Según el tipo y volumen de compra, harán falta firmas de más o menos personas responsables. Depende de cómo esté organizado el establecimiento.

Compra
- Consiste simplemente en comunicar al proveedor los artículos y cantidades a comprar. Para evitar malentendidos, es recomendable hacerlo siempre por escrito *(e-mail* o fax), enviándole la orden de compra debidamente cumplimentada y firmada.

Recepción de la mercancía
- Aquí es fundamental controlar que la cantidad, el precio y la calidad del producto sean los acordados y que se haya respetado la materia prima en su transporte (temperatura, roturas, etcétera). En caso de que todo esté conforme, se firma el albarán y se le pone el sello de recepción de mercancías.

Almacenaje y expedición al departamento correspondiente
- Hay que almacenar respetando la normativa sanitaria. Lo que vaya a otro departamento debe ser reflejado en el sistema.

Orden de compra

Fecha de orden de compra: ___ /___ /___   Número de compra: _____

Nombre proveedor: _____

Cantidad	Descripción	Unidad	Costo unitario

Comentarios: _____
_____
_____
_____

Preparado por: _____   Firma: _____

Ejemplo modelo de orden de compra

Aprovisionamiento interno

En todo establecimiento de restauración debe existir un procedimiento documental específico con el fin de asegurar un control exhaustivo de las mercancías, tanto en base a su adquisición, como para su posterior control, en los procesos de transformación y venta. Para ello es preciso contar con un sistema documental eficaz, en el que cualquier movimiento pueda ser registrado, así como las posibles mermas producidas por deterioros, incorrecta manipulación, etc.

Dicho control es posible gracias a un registro documental preciso en el que son protagonistas los registros expuestos y descritos a continuación.

Vale de pedido interno

Siempre que el establecimiento cuente en su gestión con un economato o almacén, el aprovisionamiento interno de los distintos departamentos que lo integran usan este documento para su aprovisionamiento.

Se trata de la hoja de pedido que expide cualquier departamento al departamento de economato o compras. En él se anotan las referencias que son requeridas pasando a ser preparadas para su retiro. Este documento a su vez, se coteja para saber la situación de *stock* del almacén, facilitando posibles órdenes de compra futuras. Al mismo tiempo, el control de este documento expone el consumo de cada departamento.

Este documento debe ser firmado por el responsable del departamento solicitante, siendo entregada dentro del horario estipulado. Dicho registro documental se introducirá en el sistema informático facilitando la elaboración del inventario permanente.

El diseño de este documento debe incluir datos referidos a la fecha de pedido, departamento solicitante, así como persona que lleva a cabo el pedido. También es fundamental incluir una zona para la descripción de los elementos solicitados y la firma de los responsables que llevarán a cabo la gestión. Este documento se expedirá por duplicado quedando ambos departamentos con una copia.

 IMPORTANTE

Este documento será utilizado de forma exclusiva para transmitir una solicitud de pedido al departamento de economato y no entre departamentos.

———

Transfer

También denominado vale o justificante de pedido entre departamentos (excluyendo al departamento de economato). Se trata de propiciar el control de los pequeños insumos que llevan a cabo los distintos departamentos en base al uso de insumos de otros departamentos. Así, se persigue no endosar un coste a un departamento que no lo ha propiciado.

Es importante tener presente que el flujo de mercancía entre departamentos no debe romper el *stocks* del departamento al que se solicita.

El diseño de este documento deberá incluir:

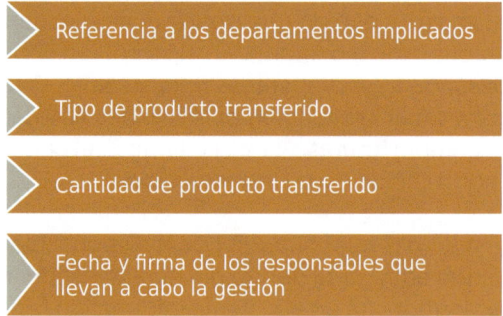

Referencia a los departamentos implicados

Tipo de producto transferido

Cantidad de producto transferido

Fecha y firma de los responsables que llevan a cabo la gestión

Este documento será expedido por triplicado con el fin de asegurar su gestión en torno al departamento de administración.

 **NOTA**

La finalidad de estos documentos es controlar el movimiento de los productos de forma interna dentro de la empresa.

- -

———

Otra documentación interna implicada en el proceso de aprovisionamiento interno y control de consumos

Además del relevé y el vale de pedido interno, la gestión de aprovisionamiento de todo restaurante requiere un control exhaustivo en torno a los niveles de *stock*, los gastos o consumos diarios, el registro de mermas o incluso los insumos asociados al consumo del personal.

Esto supone la creación de un registro documental preciso, siendo los documentos utilizados para ello, los siguientes:

Inventario periódico	Inventario permanente	Memorando de retornos	Informe diario de salidas	Parte de bajas
Relevé	Escandallo	Registro de mermas	Registro de consumos de personal	Registro de consumos por invitaciones

Inventario periódico

El inventario periódico requiere el recuento real del *stock*. Para ello, se emite un listado con la lista de todos los artículos que se encuentran en el almacén o distintos almacenes, permitiendo anotar el número de existencias reales. Este inventario no tiene presentes las salidas o entradas de mercancía y su elaboración suele ser mensual para los alimentos y trimestral, semestral o incluso anual para las herramientas y equipos.

Las unidades de medida utilizadas para la realización del inventario suelen ser las mismas que las utilizadas en el proceso de compra. Así, por ejemplo si las bebidas son adquiridas por botellas, se podrá contabilizar por unidades o partes de esa unidad. En cambio, si el aceite se adquiere por litros, se estimará dicha medida para su contabilización. Así, no habrá errores de cara al proceso contable.

Inventario periódico

Departamento:

Fecha:

Orden anotación:

Responsable elaboración:

Código de referencia	Producto	Grupo	Familia	Subfamilia	Unidad contable	Cantidad	Unidad de compra	Coste unidad

Modelo ficha inventario periódico

NOTA

La periodicidad de realización del inventario periódico será impuesta por la empresa, siendo dependiente de su gestión, ya que se trata de un sistema de control interno.

Inventario permanente

Se trata de un sistema de control continuo, de modo que cada entrada o salida del almacén queda registrada. Con el inventario permanente es posible saber el consumo en un espacio tiempo determinado, pudiendo además sumar las entradas, lo que facilita el *stock* actual.

Esta referencia es fundamental para un posible cálculo del *stock* mínimo y de seguridad.

Inventario permanente

Departamento:

Artículo:

Stock mínimo:

Stock máximo:

Responsable de control:

Fecha	Cantidad entrada	Precio entrada	Cantidad salida	*Stock* anual
Stock final				

Modelo ficha inventario periódico

Parte de bajas

Se trata del registro de aquellos productos que estando en nuestras instalaciones han sufrido alguna incidencia. Se trata de salidas justificadas por rotura, vencimiento de fecha, etc. En este documento se anotará el motivo de la baja, la cantidad de producto, así como otros datos de interés que la justifiquen. Se trata de un documento interno de control, que aunque no suele ser habitual en pequeñas empresas, su uso propicia la buena gestión del establecimiento.

Informe diario de salidas

Se trata de un documento resumen en el que se anotan todos los artículos que han salido del almacén a lo largo del día.

Memorando de retornos

Se trata de un registro, en el que se exponen los posibles retornos realizados al proveedor. Esta acción es muy común en torno a los envases de bebidas, que tienen un valor y son retirados por el proveedor. También puede ser utilizado para registrar el rechazo de algún producto que no se haya admitido.

Relevé

Documento utilizado para anotar de forma exhaustiva, los géneros que entran y salen de cocina. Así se puede valorar el consumo diario de materias primas, ya que en él se registran las entradas diarias de pedidos a cocina, más las existencias que ya se tenían en la cámara y se concluye con las existencias finales del día.

Relevé de cocina

Fecha y hora:		Responsable:		
Servicio:				

Firma:

Artículo	Inventario inicial	Entrada	Inventario final	Consumo diario
Carnes:				
Pollo Ternera Cerdo ...				
Pescados:				
Dorada Lubina Atún ...				

Ejemplo de relevé de cocina

Escandallo

Documento en el que se refleja el rendimiento de las materias primas. Este valor es muy importante en torno al cálculo del precio final de una elaboración, ya que no todos los productos tienen las mismas mermas.

El escandallo de un producto, permite obtener el precio final de los subproductos obtenidos, así como su peso y calidades, diferenciando de primera mano entre el peso bruto de un producto y su peso neto (esto es, el producto obtenido 100 % comestible).

En el escandallo tendrá solamente en cuenta el coste de un producto o elaboración en torno a las materias primas empleadas.

Hoja de escandallo			Hoja n.º: _____
Identificación: _____			
	N.º raciones:	Peso kg ración:	

Materias primas	Cantidad kg	Precio €/kg	Coste €

Peso total		Coste total	

Cálculos		
Coste preparación		
Margen bruto de explotación		
Precio de venta teórico		
Precio de venta real		
IVA		
PV real + IVA		
Precio final redondeado		

Ejemplo de hoja de escandallo

Registro de mermas

Documento en el que se detallan las mermas asociadas a una elaboración o servicio. También puede recoger posibles roturas o descartes por deterioro de material. Ten presente que el control de las mermas normalmente las minimiza, obteniéndose una mayor rentabilidad.

NOTA

Una adecuada motivación del personal facilitará la reducción de mermas, garantizando un mayor aprovechamiento de los recursos de los que dispone el establecimiento.

Registro de consumos por invitaciones

Documento en el que se refleja el consumo derivado de cubrir las comidas del personal y las invitaciones, ya que, en ocasiones, los artículos os servicios ofrecidos por un establecimiento sean costeados por la propia empresa como consecuencia de atenciones o invitaciones a personas relevantes o por la celebración de futuros eventos que pueden generar un mayor rendimiento.

Registro de consumos de personal

Los horarios asociados a la gestión del bar-cafetería propicia que los propios empleados coman en el establecimiento. Esto genera un gasto que debe ser controlado de forma exhaustiva, ya que, a medio y largo plazo, supondrá un gasto enorme y, por consiguiente, mermaría la cuenta de resultados de la empresa. Por tanto, es necesario establecer un control, pudiéndose imponer máximos de gastos que no resientan las ganancias del establecimiento.

NOTA

Actualmente, el registro documental suele estar digitalizado a través de programas de gestión informática, y la comunicación interdepartamental se realiza a través de correos electrónicos internos. Así, se consigue transmitir la información de forma más rápida, evita malentendidos y el desorden asociado a la documentación física.

TAREA 1

Para el desarrollo de la actividad común de todo establecimiento de restauración es necesario manejar documentación específica, como son las fichas técnicas, los relevés...

Suponiendo que en el bar-cafetería Maza se requiere utilizar unas manzanas para la realización de un cóctel, por lo que se solicita dicho producto al departamento de cocina.

Indica que documentos y pasos debes llevar a cabo para dicha gestión.

Justifica tu respuesta.

APLICACIÓN PRÁCTICA

En el bar-cafetería Maza se han modificado algunas de las plantillas utilizadas para la gestión documental interna del establecimiento presentando los siguientes cambios:

- **En el vale de pedido interno se ha eliminado la referencia en torno a la fecha de pedido, así como la necesidad de firma del departamento solicitante.**
- **El _transfer_ debe presentar las unidades pedidas y por tanto se ha incorporado una casilla para ello.**

Continúa en página siguiente >>

<< Viene de página anterior

- **En el inventario periódico se ha pensado en unificar unidades de medida, estableciéndose en todo caso como unidad de referencia el kilogramo.**

¿Sabrías identificar cuál o cuáles de los cambios se consideran apropiados?

Justifica tu respuesta.

Solución

El único de los cambios correctos ha sido el aplicado en el *transfer,* ya que de esta forma permitirá especificar las unidades pedidas.

En cuanto al vale de pedido interno a de especificar tanto la firma de los responsables de los documentos implicados como la fecha de pedido con el fin de conocer al personal que gestiona el pedido así como las prioridades de entrega.

En torno al inventario periódico, las unidades de medida se deberán corresponder con las unidades utilizadas para la compra con el fin de garantizar un recuento y valorización correcta.

---

4. Decoraciones básicas de platos combinados

☞ HILO CONDUCTOR

En el bar-cafetería Maza, cada uno de los elementos utilizados para dar vistosidad a la elaboración principal son comestibles, huyendo de costumbres pasadas, donde era común la inclusión de banderillas, flores y brotes de distinta naturaleza, que además, impedía la visualización del género principal.

El concepto de decoración debería desaparecer del vocabulario a la hora de la presentación de un plato, ya que hay que guiarse por el siguiente principio: "un plato nunca se decora, sino que se debe disponer en él de forma atractiva los ingredientes, realzando su composición".

En la mayoría de las ocasiones, lo que se busca son las formas geométricas, añadiendo elementos ajenos a la elaboración e ingredientes que no tienen ningún sentido, simplemente sirven para dar una visión presuntamente más atractiva al plato. El resultado de esto es que, en la mayoría de las ocasiones, estos ingredientes están demasiado manoseados o se intenta crear una obra de arte en lugar de la comida que se ha pedido, que generalmente no está a la altura o nivel deseado.

4.1. Tres reglas básicas en la decoración de platos

Desde los tiempos de los romanos, con su gusto por los excesos y el lujo, se empezaron a presentar los platos de formas muy originales, y se valoraba el mérito de un cocinero por su capacidad de impresionar a los comensales.

Hoy en día, la decoración de las elaboraciones culinarias tiende a ser lo más sencilla y elegante posible huyendo de barroquismos y ostentosidades.

Existen innumerables formas de presentación, pero siempre habrá que tener en cuenta 3 normas o reglas básicas que son:

> La guarnición no debe ser superior a la cantidad y volumen del género principal.

> Los ingredientes que formen el plato deben ser comestibles, no se deben poner elementos de naturaleza no comestibles.

> Las salsas deben permitir la visión del género principal. Hay que tener en cuenta que sirven para acompañar, no para tapar el producto. El glaseado y el gratinado son excepciones.

En la cocina de autor, *nouvelle cuisine* y las nuevas corrientes que hoy día ofrece el mercado de la restauración, hacen que estas reglas entren en conflicto, ya que para estas nuevas corrientes no hay reglas, se rompen los esquemas y cada autor difiere de los procedimientos.

Decoración del plato sencilla y elegante

 **RECUERDA**

Un plato nunca se decora, sino que se debe disponer en él de forma atractiva los ingredientes, realzando su composición.

4.2. Los sentidos en la decoración

Cuando se habla de los sentidos a la hora de comer, siempre se piensa en el gusto, pero hay que tener en cuenta que los demás también son importantes, afectando en la percepción general o final del producto, por lo que no solo la vista se considera importante.

Las combinaciones de sabores, estados físicos, texturas y aromas ofrecen una gama de sensaciones infinitas que se pueden percibir a través de los alimentos, esto se puede considerar como una invitación a nuevas experiencias, a experimentar y a descubrir nuevos sabores auténticos, los cuales dan productos naturales y permiten huir de aquellos productos de baja calidad que se esconden bajo salsas y condimentos que solo sirven para saturar los sentidos y que en realidad no se sepa lo que se está comiendo.

A continuación se describen cada uno de los sentidos implicados en la percepción del plato o elaboración.

El gusto

Se encuentra en la lengua, a través de la cual se perciben los cuatro sabores básicos: dulce, salado, amargo y ácido. Estos se perciben en las distintas partes de la lengua. Estos sabores básicos, en sí mismos, aportan muy poco, su importancia se encuentra en la mezcla de estos de forma moderada.

Los sabores siempre hay que combinarlos de forma moderada, ya que si hay alguno que se encuentre en cantidad exagerada o predominante, no permitirá apreciar el verdadero sabor de las cosas. La armonía se encuentra en la combinación de los sabores de forma moderada.

La vista

Por medio de la vista se puede distinguir los colores y las formas, la disposición de los alimentos y se aprecia todo el entorno que rodea a la comida.

Las presentaciones geométricas son una buena base en torno a la presentación de elaboraciones culinarias.

 **RECUERDA**

Las salsas deben permitir la visión del género principal. El gratinado y glaseado son excepciones.

El olfato

Por medio del olfato, se percibe el aroma de los alimentos, esto es lo que realmente permite diferenciarlos, ya que los olores son infinitos, mientras que los sabores básicos, están limitados. Cualquiera es capaz de reconocer las especias por su aroma, la canela, el comino, la nuez moscada, el orégano, etc., la mayoría de ellas no saben a nada, incluso pueden tener sabor amargo, pero su cualidad aromática hace que su empleo sea importante para la cocina.

El olor de los alimentos es un indicativo de que la comida va a ser de agrado o desagrado para el individuo.

El oído

Es el sentido que menos se aprecia a la hora de comer, tan solo es posible hacer referencia a ello con el crujir del pan o el chisporroteo de unas gambas al ajillo.

Recuerda que el sonido percibido por el crujir del pan a la hora de morder puede ser un síntoma de calidad del producto degustado.

El tacto

Además de las manos, el resto del cuerpo también percibe sensaciones táctiles. En la lengua hay una parte que sirve para percibir el sabor, pero hay otra parte que ayuda a la percepción de sensaciones como el frío, el calor, las texturas cremosas, suaves, crujientes, el estado físico como el líquido, sólido, etc., entre otras cosas.

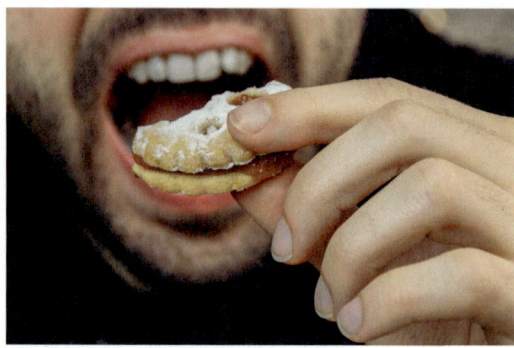

Recuerda que la lengua también tiene percepciones táctiles, permitiendo diferenciar temperaturas, texturas, etc.

4.3. Técnicas decorativas

Las nuevas tendencias en la gastronomía actual, han hecho que se use un nuevo concepto de decoración, ya no se emplean los adornos recargados, incomestibles e encubridores del elemento principal.

 SABÍAS QUE...

Tendencias pasadas asociadas a la cocina francesa hacían de un plato una obra de arte, en las que era primordial la decoración, comestible o no, pasando a ser la parte más importante.

Hoy día, las tendencias decorativas están en desuso, solo se usan para la presentación de grandes bufés.

En las elaboraciones de aperitivos y canapés, la decoración forma parte del colorido y la combinación de varias clases.

Ejemplo de decoración en un bufé

Los aperitivos son, hoy día, una de las partes más importantes de las comidas, ya que es lo primero que presenta el establecimiento, haciendo una idea de los manjares posteriores, por lo que las técnicas decorativas deben tenerse presentes.

Decoración con frutas y verduras

Esta decoración es la más utilizada, tanto por la rapidez como por el resultado que brinda. Se suelen usar frutas y verduras de temporada. Las técnicas van desde fáciles combinaciones, de pequeños bodegones en los laterales de una bandeja, hasta la elaboración de tallas en el centro de una gran preparación. Se suelen usar alturas y formas armoniosas que integren el producto principal.

Ejemplo de decoración con frutas y verduras

◁◎▷ EJEMPLO

Cascada de mariscos, donde tras realizar una estructura de cristal, porcelana, etc., se cubre del marisco deseado y se acompaña de limones en rodajas, perejil, hojas, lechugas, etc.

Decoración con pastillaje

El pastillaje es una técnica de decoración a base de azúcar, y acompañada de otros ingredientes como son agua y gelatina.

Su elaboración requiere técnica y tiempo, ya que los resultados obtenidos son espectaculares.

Ejemplo de una decoración con pastillaje

Se puede utilizar tanto con color natural como acompañada de tintes, consiguiendo realzar las piezas. Su utilización es más cuidada, ya que es una elaboración delicada, dejándola para eventos más especiales y de categoría. El pastillaje permite hacer desde pequeñas elaboraciones como flores hasta conjuntos de dimensiones espectaculares.

Para el servicio de aperitivos, las formas más utilizadas son las pequeñas, para culminar las elaboraciones. En las bandejas de servicio también pueden jugar un papel importante, ya que pueden realizarse piezas de tamaño medio para acompañar a las elaboraciones.

SABÍAS QUE...

La masa para realizar el pastillaje es una mezcla de agua, azúcar glas y gelatina. Y sus proporciones son 300 g de azúcar molida, 20 g de gelatina, 11 g de agua y 2.500 g de azúcar glas.

Decoración con mantequilla

Es más adecuado y preciso decir decoraciones con margarina, pues es este el elemento empleado. Las propiedades de la mantequilla hacen que sean la más apropiada para la elaboración de figuras y pequeñas terminaciones.

Ejemplo de una decoración con mantequilla

Estas decoraciones son empleadas tanto para elaboraciones dulces como saladas. Son rápidas en su confección, pero requieren técnica y un cuidado posterior durante su conservación.

Si se emplean en pequeñas piezas, suele utilizarse como en el caso del pastillaje, para culminar pequeñas elaboraciones, dando un toque de maestría al establecimiento donde se sirven. Si son utilizadas como grandes piezas, se realizarán sobre el elemento a servir, así se realizarán sobre bandejas, placas tipo submarino, etc.

SABÍAS QUE...

Las decoraciones con mantequilla se realizan con una mezcla de mantequilla y azúcar glas. Sus proporciones son: 125 g de mantequilla, 50 g azúcar glas y 1 g de esencia de vainilla.

En este tipo de elaboraciones también se pueden emplear colorantes alimentarios, para resaltar matices y hacer más atractivas las figuras, obteniendo grandes resultados.

Diferentes terminaciones de cupcake adicionados con colorantes alimentarios

4.4. El color en la gastronomía

Cuando se estudia la teoría del color se ve la división que existe entre colores fríos y calientes.

Entre los colores cálidos están el rojo, el naranja o el amarillo, y entre los fríos el azul y el verde. Es cierto que para la decoración o ambientación, estos colores sí que transmiten sensaciones cálidas o frías respectivamente, pero al trasladar los colores a la cocina las percepciones cambian considerablemente, los colores rojo, naranja o amarillo se asocian a elaboraciones frías como gazpachos, frutas, zumos, helados o refrescos, y las tonalidades frías se asocian a elaboraciones de verduras, sobre todo calientes y, en algunos casos, a ensaladas pero combinadas con rojos y amarillos.

Se trata, en cualquier caso, de apreciaciones subjetivas, ya que se asocian los colores con elaboraciones que se conocen.

 SABÍAS QUE...

Ciertos colores advierten de peligros y provocan reacciones de rechazo en el subconsciente.

En la cocina se pueden utilizar los colores para realizar combinaciones atractivas, mezclando colores de distintas gamas para crear contrastes y sobre todo para realzar estados de ánimo, por lo que es recomendable la presencia de colores cálidos y de fuerte contraste en los bufés.

El color es una característica intrínseca de cada producto, cada uno de ellos tiene un color o gama de colores que los caracterizan, por lo que se debe buscar que los productos sean fieles a ellos. Por eso, hay que tener cuidado con la utilización de colorantes en las comidas.

Por otro lado, en la naturaleza existen una serie de estímulos en forma de colores que sirven de defensa frente a elementos tóxicos o en mal estado. La combinación de colores muy llamativos como el rojo, rojo y negro o amarillo y negro suelen ser inequívocas señales de algo tóxico, desagradable o peligroso.

 EJEMPLO

El rechazo de los niños por muchas verduras está basado en el rechazo innato que les provoca el color verde. Siendo este color síntoma de descomposición y de la aparición de mohos, por lo que su instinto les dice que no lo coman.

5. Aplicación de técnicas sencillas de elaboración y presentación

☞ HILO CONDUCTOR

El estilo asociado a la oferta gastronómica del bar-cafetería Maza es clásica, tanto en su decoración como en la presentación de su oferta gastronómica. No obstante, la contratación de un nuevo integrante para cocina, propone algunos cambios, a fin de buscar sorprender al consumidor y potenciar el consumo, así se observan presentaciones con un mayor volumen, salsas ligeras y coloridas, nuevos cortes en las hortalizas, pescados y carnes...

Siempre, con la premisa de partir de productos de primera calidad para la elaboración de cualquier presentación culinaria el siguiente paso en la cadena de una elaboración es la presentación.

Las tendencias que se utilizan hoy en día para la presentación de las elaboraciones son muy variadas, tantas como establecimiento, así en restaurantes tradicionales se hará una presentación clásica, en los gourmet se utilizarán tendencias más actuales, jugando con alturas, crujientes, etc. Eso sí, los excesos en la decoración han pasado a un segundo plano, huyendo de barroquismos, adaptando este estilo a decoraciones sencillas, que muestran una materia prima de primera calidad, ayudada de vajillas de diseño y técnicas innovadoras que se verán a lo largo del contenido.

5.1. Tendencias en la presentación de elaboraciones

Cuando un cocinero crea un plato, debe combinar texturas, aromas, colores, formas y sabores, de modo que el plato sea distinto a cualquier elaboración anterior y, por supuesto, que sea atractivo al apreciarlo por todos los sentidos. Esto no es tan difícil, ni tampoco tan sencillo, puesto que exige el dominio y conocimiento del producto y las técnicas que se empleen, y los gustos y requerimientos de los clientes.

En la cocina prácticamente está todo inventado y, aunque existen infinitas combinaciones, ocurre que cuando se crea un plato siempre se encuentra alguna elaboración que se le parezca, por ello, lo importante es modificar texturas, simplificar las salsas, cambiar algún ingrediente y mejorar la presentación.

Tipos de presentaciones

Tan importante es la técnica culinaria utilizada para la elaboración de un producto como su presentación, de ahí la importancia de su estudio, existiendo técnicas clásicas o geométricas, así como tendencias que al igual que cualquier otro producto servido tiene presentes las corrientes actuales en torno a diseño, con el fin de buscar nuevas percepciones en el comensal, etc.

Presentación clásica

Con esta técnica se consiguen presentaciones muy correctas, aunque pensadas para comensales diestros. En ella se dispone el género principal a la derecha, la guarnición a la izquierda y la salsa, si forma parte de la elaboración, se echa por encima del género principal y, si es un complemento, se pone en la parte superior izquierda del plato, siempre acompañando con algo más de salsa en una salsera. Esta es la disposición que se debe seguir.

El uso de timbales y aros es muy común en torno al emplatado clásico.

Tendencias geométricas

Con la *nouvelle cuisine* aparecieron seguidores e imitadores, creando nuevas formas de presentación de platos, muchos se sumaron a lo fácil, y lo convirtieron en hacer figuras geométricas con los ingredientes o buscar la simetría en las presentaciones.

En los años 80, se empezaron a utilizar platos de gran diámetro, se cubría el fondo del plato de salsa, se hacían marcas con otra salsa de otro color y se marcaban con una puntilla, quedando dibujos con flechas, estrellas, etc. Esta técnica empezó a ser popular, por lo que pasó al olvido, ya que era realizada por todo el mundo, perdiendo así el interés.

Milhoja de nata servida haciendo uso de una decoración geométrica, integrando dos salsas de acompañamiento

Tendencias actuales

En la actualidad, se tiende a buscar la tercera dimensión, es decir, dar altura a la presentación. El comensal percibe el plato desde un ángulo de unos 45º, por lo que es desde esa perspectiva desde la que se debe montar el plato.

El género principal debe destacar del resto, por eso la guarnición pasa a un segundo plano, sirviendo como base para apoyar el género principal y darle altura, aunque sin estar oculta. Las salsas, convertidas en ligeros jugos o aceites compuestos, se encuentran rodeando o cubriendo en fino cordón al género.

La concepción del plato debe estar en el centro con el género principal, que es lo que da nombre al plato.

Ejemplo de montaje con tendencia actual, en el que además de transmitir altura a la elaboración, el elemento principal destaca sobre la guarnición

NOTA

En la presentación de las elaboraciones culinarias se debe tener presente la denominada cocina de autor, pues aunque sus presentaciones pueden ser asociadas a algunos de los tipos citados, posiblemente el montaje de una elaboración puede identificar a su autor.

5.2. Técnicas de emplatado

Las nuevas tendencias hacen que cada día se desarrollen más utensilios que permiten realizar técnicas que hace simplemente unas décadas eran imposibles.

Se ha pasado de la utilización de cucharas, biberones y aros metálicos a la utilización de maquinaria sofisticada que permite crear estructuras y formas, que junto con trazos irregulares realzan cualquier elaboración.

NOTA

El emplatado y la presentación de platos es casi un arte en sí mismo, no se aprende en un día, y requiere que se desarrolle un cierto sentido estético.

Regla de emplatado

El emplatado de una elaboración culinaria será fundamental para obtener la máxima consideración del comensal, por ello, la importancia de los estudios generados a su alrededor, destacando la utilización de platos de diseño, uso de filigranas o incluso el uso de técnicas propias del mundo del arte.

La regla de los tercios

Utilizada como regla de composición por los pintores desde hace siglos, consiste en situar el centro de interés fuera del centro de la composición. Es el sistema empleado para compensar las imágenes, tanto verticales como horizontales. Esta regla consiste en dividir el espacio en tercios, y como resultado de esto quedan las líneas que indican los puntos máximos de interés.

Aplicación de la regla de los tercios en un postre

Para aplicar esto al montaje de un plato, hay que olvidar la disposición en planta y centrarse en la imagen en perspectiva natural o aérea, que es la que el comensal o el cocinero percibe del plato.

Entonces, se debe tener en cuenta que, como en el planteamiento del montaje, siempre se busca altura. El motivo principal del plato deberá situarse en uno de los dos puntos del fondo, puesto que, si lo se coloca en alguno de los de delante, hará efecto de barrera, impidiendo ver o dificultando el acceso de lo que se disponga por detrás.

Dentro de la regla de los tercios está la teoría de las masas, en donde en una composición hay masas pequeñas y masas grandes, las masas grandes cargan el peso de la composición hacia dentro y las masas pequeñas lo desplazan hacia fuera, a modo de líneas de fuga, llenando así la composición.

La forma del plato

El plato tiene gran importancia a la hora del emplatado, ya que el contenido deberá estar dispuesto con relación a la forma y superficie del plato.

Los platos pueden tener cuatro formas básicas: redondos, cuadrados, rectangulares y triangulares. Los triangulares no tienen formas puras, sino que sus aristas y ángulos son ligeramente curvados, mientras que los rectangulares y cuadrados sí mantienen esas formas. Entonces, a la hora de disponer los alimentos en ellos se pueden agrupar en dos grupos, el de formas suaves, formado por los platos redondos y triangulares, y el de las formas duras, constituido por platos rectangulares y cuadrados.

El uso de platos cuadrados o rectangulares puede enfatizar su función, incluyendo productos lineales, combinándolos al mismo tiempo con salsas, hierbas aromáticas, etc.

En los platos con formas duras (cuadrados y rectangulares) se integran mejor las líneas rectas, siempre en paralelo con aquellas que delimitan los bordes. En los platos con formas curvas (redondos y triangulares) se actuará realizando líneas curvas en el mismo sentido que la forma perimetral, dando sensación de armonía integradora.

La disposición de las salsas, reducciones o jugos dependerá del tipo de plato usado, buscando una sensación de armonía integradora.

Filigranas

Hay una serie de decoraciones que se emplean principalmente en pastelería y postres emplatados, que consiste en aplicar sobre un baño o una salsa, unos puntos o tiras de un baño o salsa de color diferente y pasar la punta de un cuchillo por encima para formar corazones, arcos, etc.

Ejemplo de filigrana obtenida mediante el uso de dos salsas

5.3. Técnicas sencillas de elaboración

Una técnica es un procedimiento o conjunto de reglas, normas o protocolos que tienen como objetivo obtener un resultado determinado. La técnica requiere tanto destrezas manuales como intelectuales, en la que se incluye el uso de herramientas y correcta combinación de sabores.

Terminología de técnicas sencillas

Las técnicas más frecuentes en las elaboraciones culinarias son:

- **Abrillantar.** Dar brillo a un género con gelatina, mermeladas, mantequilla fundida o almíbar. También pintar con huevo o aceite una masa, para que, tras la cocción, resulte brillante.
- **Acanalar.** Hacer incisiones longitudinales a un género con un acanalador para que este resulte más atractivo.
- **Adobar.** Introducir carnes o pescados crudos en un adobo o aliño para mejorar su sabor antes de cocinarlos.
- **Asar.** Método de cocinado consistente en someter a calor fuerte un producto para su cocinado. Se hace por medio de hornos, planchas o parrillas, con poca grasa. El producto debe quedar dorado exteriormente y jugoso en el interior.
- **Brasear.** Método de cocción empleado generalmente para carnes duras, se hace lentamente y por un tiempo prolongado. Se acompaña la

cocción con hortalizas de condimentación y elementos líquidos que favorezcan el cocinado.

⮑ **Clarificar.** Dejar transparente una gelatina o un fondo mediante elementos clarificantes o por una cuidada cocción. También se aplica para fundir mantequilla de forma que esta quede separada del suero y las impurezas, quedando así transparente.

⮑ **Glasear.** Cubrir una elaboración con una salsa para dorarlo ligeramente en la salamandra. Aplicar una glasa a una elaboración de pastelería.

⮑ **Gratinar.** Tostar la parte superior de una elaboración, bien con una salsa, queso, mantequilla, etc., en el horno o la salamandra.

⮑ **Hervir.** Cocer un producto por inmersión en agua hirviendo. Llevar a ebullición.

⮑ **Infusionar.** Llevar a ebullición un líquido con elementos aromatizantes para obtener sus aromas y, tras la ebullición, hay que mantener unos minutos para extraer todo el aroma.

⮑ **Levantar.** Hacer hervir un preparado para su utilización.

⮑ **Ligar.** Espesar una crema o una salsa mediante elementos de ligazón.

⮑ **Macerar.** Dejar un producto crudo en compañía de adobos, marinadas, licores o especias para aromatizarlo.

⮑ **Majar.** Triturar con ayuda de un mortero.

⮑ **Marcar.** Preparar un plato a falta de su terminación.

⮑ **Marinar.** Macerar un género en una marinada a base de vinos, hortalizas y especias.

⮑ **Mechar.** Introducir en un género tiras de elementos grasos o aromatizantes por medio de una puntilla o una aguja mechadora.

⮑ **Mojar.** Añadir a una elaboración el líquido necesario para su cocción.

⮑ **Moldear.** Introducir un preparado en un molde para que una vez cuajado o cocinado en él, mantenga esta forma al sacarlo del mismo.

⮑ **Montar.** Batir un producto o preparado para que emulsione o esponje.

⮑ **Mortificar.** Dejar madurar una pieza para equilibrar el pH de la carne que resulte más tierna.

⮑ **Napar.** Cubrir con una salsa.

⮑ **Pasar.** Triturar y/o colar un producto.

⮑ **Pochar.** Rehogar lentamente. Dejar cocinado un producto a falta de un último golpe de calor o dorado, se aplica generalmente a las patatas.

⮑ **Rebozar.** Pasar un género por harina y huevo. Pasar por una pasta de freír.

⮑ **Reducir.** Concentrar por evaporación salsas y fondos.

⮑ **Refrescar.** Enfriar un producto para cortar de forma inmediata su cocción, mediante un abatidor de temperatura o inmersión en agua fría.

⮑ **Rehogar.** Cocinar total o parcialmente un género a fuego lento con algo de grasa, sin que llegue a tomar color.

⮑ **Risolar.** Dorar a fuego fuerte y con algo de grasa un género previamente blanqueado, se termina al horno hasta que quede dorado por fuera y cocido por dentro.

⊃ **Saltear.** Cocinar un género a fuego fuerte con algo de grasa hasta que quede ligeramente dorado.

⊃ **Sufratar.** Napar un género con una salsa que al enfriarse permanezca sobre el género.

Técnicas sencillas de corte y racionado

Toda elaboración requiere unas técnicas de preelaboración, limpieza y desinfección. Antes de pasar a realizar el racionado hay que tener en cuenta el fin o procedencia del producto, caracterizándose con un tipo de corte o racionado.

 **NOTA**

Es importante conocer y manejar las técnicas culinarias de corte y racionado para así trabajar con seguridad y expresar con propiedad el proceso a realizar.

Para hortalizas

Los cortes más comunes que se dan a las hortalizas y sus aplicaciones son los siguientes.

Paisana

Es un corte en dados de 1 a 1,5 cm de grosor, se hace con patatas, calabacín, zanahoria, etc. Se utiliza para tortillas, pistos y guarniciones.

Patatas, zanahorias y cebolla cortadas en paisana

Juliana

Son tiras finas de unos cinco centímetros de largo, se aplica a cebolla, puerro, apio, judías verdes, etc. Se emplea para sopas y ensaladas principalmente.

Calabacín y zanahoria cortadas en juliana

Brunoise

Hortalizas cortadas de 1 a 3 mm de lado. Se emplea con ajo, cebolla, puerro, zanahoria, etc., para sofritos, salteados y rellenos.

Cebolla morada, apio y ajo cortados en brunoise

Torneado

Es un corte en el que se deja la hortaliza con forma ovalada, dejando marcadas las aristas. Se aplica a zanahorias, patatas y calabacines, para hervir, rehogar y risolar, siempre como guarnición.

Patatas torneadas

Diente de ajo

Corte que se aplica a las patatas torneadas, cortándolas a su vez en cuartos y suavizando las aristas. Se hacen risoladas como guarnición.

El corte diente de ajo es muy utilizado para la realización de las denominadas patatas risoladas.

Avellana

También conocido como *noisette*. Son bolas de patata obtenidas con una cucharilla sacabocados. Se elaboran risoladas para guarnición.

Las patatas avellana pueden ser utilizadas como guarnición de carnes y pescados.

Fondos

Son hortalizas que se han vaciado en la parte central para rellenar con alguna farsa o salsa. Van previamente hervidos y pueden glasearse después. Normalmente van de guarnición aunque pueden ir como plato.

Ejemplo de preparación realizada con fondos, en este caso tomate y pepino, servidos como guarnición

Cuartos

Se trata de cortar la hortaliza limpia en cuartos de forma longitudinal, se emplea con zanahorias, calabacín, champiñones y alcachofas principalmente. Se elaboran para salteados y hervidos.

Previa a la aplicación del corte se debe llevar a cabo una limpieza del producto.

Chips, soufflé, panadera y rodaja

Cortes que se dan en la patata. Siendo el chips el corte más fino y la rodaja, el corte más grueso.

Ejemplo de cortes chips y rodaja

Para vacuno

Algunos de los cortes más significativos en el vacuno son los presentados a continuación:

> **Bistic, *beef-steak* o filete**
> - Se obtiene de la babilla, cadera, tapilla y espaldilla. Para braseado se obtienen del redondo y de la contra. Se utiliza para salteados, plancha, empanados y braseado.

Continúa en página siguiente >>

<< Viene de página anterior

Escalope
- Se obtiene de la contra, tapa, tapilla, espaldilla, cadera y babilla, es un filete que posteriormente se empana.

Escalopines
- Se obtiene del rabillo de cadera, espaldilla y llana para salteados. Es un filete fino y delgado, se sirven dos o tres por ración, según el peso.

Osso bucco
- Se obtiene del morcillo, es una pieza que se obtiene cortando el morcillo junto con el hueso.

Rumpsteak
- Se obtiene de la cadera y puede llevar parte de tez. Es un grueso filete muy tierno.

T-bone steak
- Corte que incluye lomo y solomillo y hueso, es llamado así por el hueso en forma de "T".

Chateaubriand
- Corte obtenido de la cabeza del solomillo, con un peso de 350 a 500 g destinado al servicio de dos comensales.

Tournedor
- Corte obtenido del centro del solomillo de unos 250 g totalmente limpio, caracterizado por su forma redondeada.

Filet mignon
- Corte obtenido de la punta del solomillo. Suele ser racionada en forma de filete, de unos 75 g, por lo que su servicio suele presentar tres unidades.

Villagodio o chuletón
- Se obtiene del lomo alto del vacuno, es un filete de unos 5 cm de grosor que incluye el hueso.

Entrecôtte
- Se obtiene de lomo bajo, siendo un filete de unos 350 g. No incluye hueso.

Osso bucco, villagodio y filete de entrecôtte

Partes del vacuno

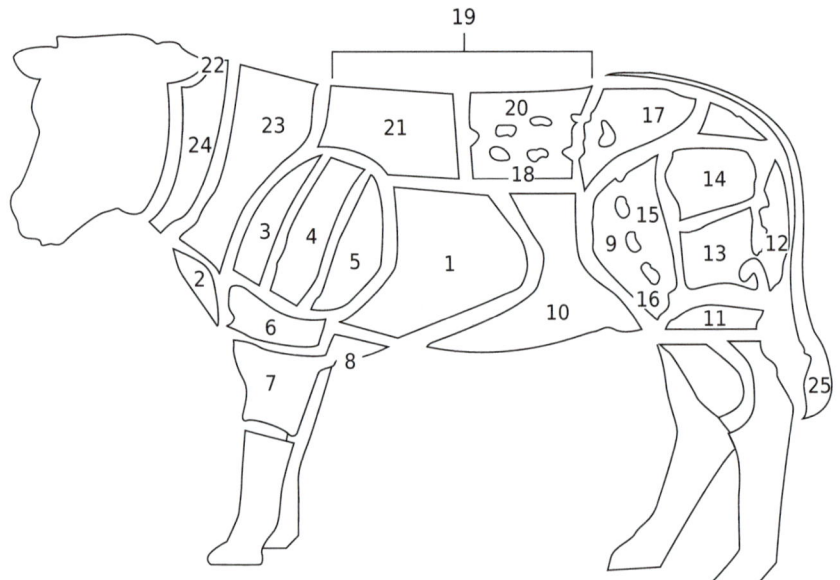

1. Costillar
2. Pecho
3. Pez
4. Llana
5. Espaldilla
6. Brazuelo
7. Morcillo
8. Aleta
9. Babilla

10. Vacío
11. Culata de contra
12. Redondo
13. Contra
14. Tapa
15. Contratapa
16. Rabillo de cadera
17. Cadera
18. Solomillo

19. Lomo
20. Lomo bajo
21. Lomo alto
22. Morrillo
23. Aguja
24. Pezcuezo
25. Rabo

Para cerdo

Del cerdo se pueden obtener los siguientes cortes:

Chuleta	- Es el lomo junto con el hueso del espinazo.
Panceta	- Es la parte externa del vientre, formada por grasa, con alguna veta de carne magra.
Costillar	- Son los huesos de las costillas y la carne que las recubre. Se prepara entera al horno y adobadas.
Rabo	- Es muy sabroso y meloso. Se destina para guisos y estofados.
Codillo	- Es la parte superior del pie, se preparan asados, estofados y cocidos.
Manitas	- Se denominan manitas, tanto si son las patas traseras como delanteras. Es muy gelatinosa. Es excelente para guisados.
Lardeo	- Son los retales pequeños de carne y grasa que resultan del despiece que se aprovechan para fritos, chicharrones, carne picada, etc.
Morro y oreja	- Pieza grasa y cartilaginosa. Es muy gustosa y se cocina a la brasa o frita y cocida.
Carrillada	- Pieza magra y melosa con vetas de grasa. Se prepara asada y a la brasa, aunque normalmente se suele elaborar guisada.
Papada	- Pieza de alto contenido en grasa. Se prepara a la brasa y para la elaboración del cocido.

Partes del cerdo

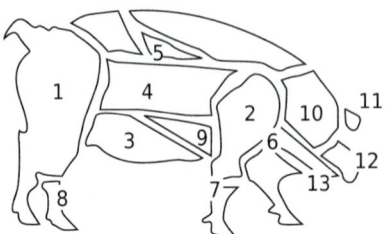

1. Jamón	6. Magro de	10. Cabeza
2. Paleta	cuello	11. La oreja
3. Panceta	7. Codillo	12. La careta
4. Chuletas	8. Manos y patas	y el morro
5. Solomillo	9. Tocino	13. La papada

_____

Para cordero

Del cordero se pueden obtener los siguientes cortes o piezas:

Pescuezo	- Pieza utilizada para guisos y asados, es muy gustosa.
Paletilla	- Es la pata delantera, su carne es melosa y se utiliza para asados y brasa.
Chuletas	- Son costillas con la carne, la grasa y el tejido conjuntivo que las acompaña. La forma más usual de prepararlas son a la brasa.
Pecho y falda	- Es la punta de las chuletas. Principalmente se emplea en la elaboración de guisos.
Pierna	- Es la pata trasera del animal. Se suele preparar asada o en tajadas a la brasa.

Chuletas de cordero

Partes del cordero

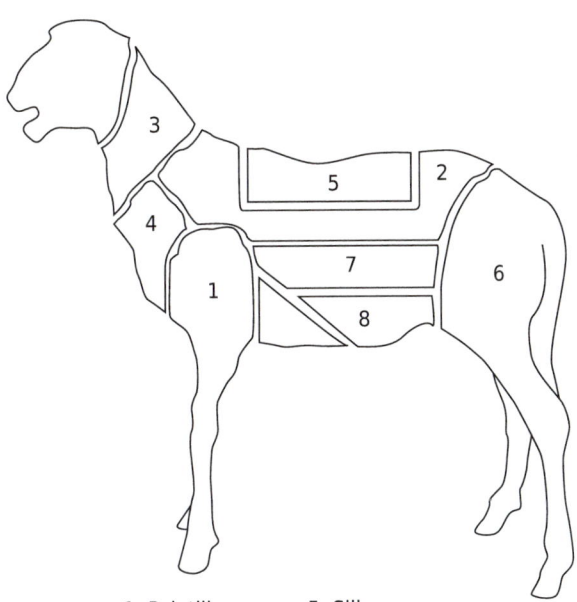

1. Paletilla   5. Silla
2. Chuletas   6. Pierna
3. Pescuezo   7. Costillas
4. Pecho   8. Falda

 **NOTA**

Las piezas más apreciadas del cordero son las paletillas y las costillas, destacando las centrales o de palo.

Para pescado

Del pescado es posible obtener los siguientes cortes, teniendo presente en todo momento, que dichos cortes serán dependientes del tipo de pescado y tamaño:

Trancha y rodaja
- Corte utilizado para pescados redondos y planos, se obtiene una rodaja ancha con espinas y piel.

Supremas
- Es el corte más apreciado del pescado, sin raspa, ni piel, libre de espinas. Se obtiene de pescados de más de 1,5 kg.

Popieta
- Filete limpio de piel y espinas, enrollado sobre sí mismo, relleno o no con una farsa o con algún otro elemento como, por ejemplo, un langostino. Suele tener un peso de unos 75 g, por lo que su servicio suele incluir tres piezas.

Rulada
- La técnica de elaboración es igual que la popieta, pero incluye al menos dos tipos de pescado diferente en su elaboración, siendo común la combinación de lenguado y salmón.

Filete
- Este se obtiene del lomo del pescado, incluye normalmente la piel para dar rigidez a la preparación. En el caso de que esta preparación vaya empanada, es recomendable quitarle la piel.

Ejemplo de rulada realizada con salmón y lenguado, guarnecida con salsa americana, tomate y espinacas

5.4. Técnicas sencillas de presentación

Dentro de las diferentes disciplinas culinarias es en la cocina creativa donde se tiene más en cuenta el hecho de presentar las elaboraciones, siendo una parte importante en el éxito de un plato.

En primer lugar, hay que disponer de suficiente vajilla, la elección del plato es importante. Normalmente, suele quedar mejor un plato muy neutro, con color pastel claro o incluso blanco, y si es sin dibujos mucho mejor. Las vajillas clásicas más decoradas son otra opción, siempre que tengan una decoración sencilla y neutra, y si es posible solo en los bordes.

Las cantidades a servir es algo muy discutible. Las raciones en hostelería están muy medidas, a veces en exceso. Las nuevas modas tienden a pequeñas cantidades, sobre todo en la cocina molecular. Aunque hay que tener en cuenta que no es lo mismo si se va a servir un plato de pasta o un estofado tradicional, las cantidades en este último caso pueden ser mayores.

 **RECUERDA**

Actualmente se prefieren los platos grandes, listos, donde la comida, aunque sea una ración generosa, tenga espacio alrededor y no llene por completo la vajilla usada.

Diferentes formas de composición básicas

Una misma elaboración puede ser presentada al comensal haciendo uso de diferentes combinaciones. Así, a continuación se lleva a cabo una descripción de las principales, describiendo sus peculiaridades y sensaciones perseguidas, teniendo presente, que estas formas de composición básicas se pueden combinar asimismo en el mismo plato, creando presentaciones más sofisticadas. La experiencia y el saber hacer guiarán sobre la mejor forma de presentar cada plato.

Composición simétrica

Referida a un equilibrio bilateral y proporcional entre las partes del plato, con un equilibrio entre el peso de los diferentes componentes. Existe igualdad de peso en las dos partes del plato, como alas de mariposa. Transmite una sensación de orden y armonía procedente de la misma naturaleza.

Indicación de cómo sería la composición simétrica en el plato

---

Composición asimétrica

Se divide la composición en dos partes asimétricas, una con mayor peso que la otra. Transmite un mayor dinamismo y tensión, y una mayor vitalidad.

Indicación de cómo sería la composición asimétrica en el plato

---

Composición rítmica

Es la repetición de elementos principales con alternancia de otros menos importantes.

Crea un efecto dinámico y estimulante que capta mucho la atención.

Indicación de cómo sería la composición rítmica en el plato

Composición oblicua

Líneas transversales y giradas respecto al comensal, que crean un efecto tridimensional de profundidad.

Esta composición transmite un gran dinamismo.

Indicación de cómo sería la composición oblicua en el plato

Composición en escala

Elementos que se repiten con diferentes tamaños, de forma proporcional.

**Indicación de cómo sería la
composición en escala en el plato**

Composición triangular o piramidal

En esta composición se juega con las alturas, pudiendo formar una pirámide en el plato, o bien un triángulo en plano.

**Indicación de cómo sería la
composición triangular en el plato**

Composición en cuadrado

Se puede realizar tanto en horizontal como en vertical. Se establece la composición en base a cuadrados o rectángulos simétricos.

**Indicación de cómo sería la
composición en cuadrado en el plato**

Composición circular o lineal

En la composición circular o lineal, respecto a un punto central, se disponen los elementos de forma circular u ovalada, creando un efecto de dinamismo muy interesante.

**Indicación de cómo sería la
composición circular en el plato**

 **RECUERDA**

El emplatado y presentación de platos es un arte, que no se aprende en un día y requiere desarrollar un sentido estético.

TAREA 2

En el bar-restaurante Maza se aprovecha la temporalidad de los productos. En este caso, se cuentan con unos níscalos de muy buena calidad.

¿Qué tipos de cortes y técnicas culinarias podrías aplicar a estos productos a fin de contribuir con una oferta variada y de calidad? Al mismo tiempo, específica como presentar dichas elaboraciones.

Justifica tu respuesta.

APLICACIÓN PRÁCTICA

La incorporación de un nuevo cocinero en el bar-cafetería Maza está propiciando un cambio en la presentación de su oferta gastronómica, imponiendo técnicas de emplatado asociadas a tendencias actuales. ¿Sabrías identificar cuál o cuáles de las siguientes premisas se asocian a este tipo de tendencias?

a. Dar protagonismo al elemento principal del plato.
b. Incluiría la guarnición o elemento secundario a la izquierda del elemento principal.
c. Eliminaría el uso de salsas y emulsiones.
d. Emplear salsas ligeras y aceites compuestos.

Solución

Esta tendencia se caracteriza por dar protagonismo al elemento principal del plato, así como del empleo de salsas ligeras y aceites compuestos.

Además, la guarnición pasa a un segundo plano, sirviendo como base para apoyar el género principal y darle altura, aunque sin estar oculta.

----

6. Aplicación de técnicas de regeneración y conservación: salado, secado, ahumado, especias, calor, frío, radiaciones y envasado al vacío

☞ **HILO CONDUCTOR**

La agilidad en el servicio del bar-cafetería Maza es otro de los valores que el público de este establecimiento destaca. Así, elaboraciones complejas como paellas o guisos, se sirven en tiempos mínimos, gracias a la imposición de una correcta *mise en place* y una posterior regeneración.

Hoy día la calidad de vida que se persigue, está transformando los hábitos alimenticios, influyendo en la manera de conservar, transportar e ingerir los alimentos. Esto lleva a la creación e investigación de nuevas formas de cocinado, envasado y conservación.

El proceso de la regeneración es relativamente novedoso, pero cada vez está cobrando más auge. Se encuentra ligado directamente a los procesos de cadena o de línea fría. Es un proceso que determina la calidad final del producto, teniendo en cuenta que la cocción, el acondicionamiento, el abatimiento, la conservación, el emplatado y/o la distribución se hayan realizado correctamente, sino el resultado final puede verse comprometido en el proceso de regeneración.

6.1. Definición regeneración

La regeneración de los alimentos se puede definir como la acción de calentar o poner a cierta temperatura una preparación culinaria. Es un proceso que sigue de forma necesaria al abatimiento de temperaturas, pudiendo realizarse por distintos sistemas y medios técnicos.

El objetivo del abatimiento de temperaturas y de la regeneración es suministrar al usuario productos de calidad. Sin embargo, la calidad estará condicionada por la forma, los sistemas y los medios utilizados para la realización de estos procesos.

En todos los procesos a los que son sometidos los alimentos es muy importante mantener la calidad de estos.

Una inadecuada regeneración puede tener su origen en el proceso químico de transformación que sufre el alimento al ser enfriado y regenerado. Excepto en esta situación y en líneas generales, una buena regeneración se encuentra condicionada, entre otros, por los siguientes factores:

6.2. Identificación de los principales equipos asociados a la regeneración de alimentos

La regeneración puede realizarse mediante distintos equipos, entre los que destacan: los hornos dotados de programas de regeneración, los cocedores de vapor y los armarios y carros de regeneración.

El hecho de utilizar uno u otro equipo, viene determinado básicamente por el tipo de acondicionamiento, por el volumen del alimento a regenerar o por el tipo de servicio.

Según el tipo de proceso que se plantee, se elegirá cuál es el tipo de regeneración más adecuado, teniendo en cuenta si este se realiza en la zona de producción (hornos) o en el punto de destino (armarios, carros o microondas).

En restauración colectiva, generalmente, la regeneración debe realizarse a una temperatura mínima de 105 °C, mediante un calentamiento progresivo que garantice la aportación de calor controlada por termostato plato a plato, de forma que en función de la cantidad de cada ración se aporte la temperatura necesaria.

El sistema más agresivo es el aire caliente forzado, que necesita llegar a una temperatura de 138 °C para alcanzar en el interior del alimento los 70 °C en el tiempo necesario. Este sistema somete a esta temperatura a todos los elementos estructurales del propio regenerador, a las bandejas, vajilla, etc. Este sistema no tiene control termostático plato a plato.

6.3. Clases de técnicas y procesos simples de regeneración

La correcta regeneración de un producto requiere del control de las técnicas asociadas a su conservación, siendo propias del producto a servir, siendo común la descongelación, rehidratación, etc.

Descongelación

Una congelación adecuada mantendrá el producto en las mismas condiciones que este tenía antes de su congelación (aroma, sabor, propiedades nutritivas, etc.).

Para que la conservación sea correcta durante el congelado, los alimentos deberán protegerse para que no sufran una alteración, como por ejemplo la quemadura por frío, la desnaturalización de las proteínas u otros cambios que harían que el producto disminuyera el valor nutritivo.

Según los productos que se quieran descongelar se aplicarán unas técnicas u otras. Entre ellas se pueden distinguir las siguientes:

Carnes y pescados
- Su tiempo de descongelación debe ser de aproximadamente 5 h. Los productos de gran tamaño tendrán que ser descongelados en el frigorífico, en recipientes cubiertos durante un tiempo de 12 a 24 h, antes de que sean cocinados.

Continúa en página siguiente >>

<< Viene de página anterior

Pan y repostería
- Se pueden descongelar a temperatura ambiente o en el frigorífico, teniendo en cuenta que hay que quitarle el papel de aluminio o la hoja de plástico que envuelve al producto congelado. Los pasteles rellenos que hayan sido congelados y que además tengan su glaseado, se deben descongelar siempre en el frigorífico, habiéndole quitado antes el envoltorio.

Platos preparados
- Los platos que vayan a ser consumidos fríos se descongelan en el frigorífico, y los platos que se vayan a consumir calientes pueden pasar directamente del congelador a una fuente de calor, pudiendo provenir esta de fuego directo o indirecto. Al mismo tiempo, los productos de quinta gama pueden estar preparados para ser regenerados en el mismo recipiente de transporte, debiendo seguir en este caso las indicaciones del fabricante.

Verduras
- Aquellas verduras congeladas que se vayan a hervir, pueden verterse directamente en el agua en ebullición. Cuando las verduras descongeladas vayan a utilizarse en guisos con abundante jugo, se podrán cocinar junto con el resto de los ingredientes frescos.

Frutas
- Si estas van a ser consumidas en crudo, se destapan los envases y se dejan descongelar en el frigorífico, durante unas 24 h mínimo. En caso de ser utilizadas para hacer compota, pueden ponerse directamente en la cacerola sobre un fuego suave.

Salsas
- Estas deben descongelarse a fuego lento, hay que mantener el fuego así hasta que se derritan y estén calientes. Hay que remover de vez en cuando.

 **EJEMPLO**

Producto de bollería sometido a un proceso inadecuado de descangelación, apareciendo pegado y deformado sin posibilidad de rectificación.

Continúa en página siguiente >>

<< Viene de página anterior

Tipos de descongelación

Atendiendo al producto a descongelar, se deberá hacer uso de una técnica de descongelación propia, formando parte del proceso de regeneración del producto. Así, se diferencia entre descongelación rápida y descongelación lenta, descritas a continuación.

Descongelación lenta

Esta puede llevarse a cabo por varios procedimientos:

Frigorífico
- Los alimentos se descongelarán en el frigorífico, permaneciendo dentro de sus envases durante todo el periodo de la descongelación. El tiempo de descongelación de los productos dependerá del tamaño y de la naturaleza de los mismos.

Agua fría
- Los productos descongelados por medio de agua fría deberán mantenerse en sus envases para no perder parte de las vitaminas hidrosolubles o favorecer su contaminación. Se puede descongelar sumergiendo el alimento bajo el agua o simplemente manteniéndolo bajo el agua del grifo, pero nunca se utilizará agua caliente.

Descongelación a temperatura ambiente
- A pesar de ser muy empleado, no es el tipo de descongelación más aconsejada, ya que puede favorecer la multiplicación de microorganismos que se encuentran en el alimento. Solo se aconseja para productos que tengan una muy rápida descongelación.

NOTA

- La descongelación en agua solo se utilizará en situaciones en las que se requiera reducir el tiempo de descongelación. Su uso no se aconseja, ya que produce una presión sobre el producto, lo que provocará la pérdida de jugos, obteniéndose finalmente un producto de menor calidad.
- La descongelación a temperatura ambiente hace que se pueda acelerar la contaminación del producto, por lo que no será recomendable.

Descongelación rápida

La descongelación rápida diferencia distintos procedimientos como son:

Con horno tradicional
- Es un proceso muy rápido y se lleva a cabo poniendo el horno a una temperatura de más de 70 ºC. Para esta descongelación, si el producto está envasado en plástico, habrá que retirarlo antes.

Con horno microondas
- Es el método más indicado para descongelar todo tipo de productos. Es recomendable ir haciendo pausas para que la temperatura del producto se iguale, ya que la parte externa alcanza altas temperaturas, lo que podría llegar a producir una alteración.

Descongelación mediante cocción
- Este tipo de método para descongelar solo es conveniente para ciertos alimentos como pescados, carnes y legumbres, que anteriormente hayan sido escaldados.

Descongelación con alta presión
- Se introduce el alimento en un recinto de alta presión, cuya temperatura debe ser superior a los 0 ºC, se aumenta la presión del recinto y el producto se descongelara sin necesidad de aumentar la temperatura. Finalmente, se disminuirá la presión hasta que esta vuelva a igualarse con la presión atmosférica.

NOTA

La descongelación con alta presión se encuentra dentro de las nuevas tecnologías, al igual que la conservación en estado no congelado a temperaturas negativas.

Rehidratación

Este método es un proceso que ayuda a restaurar las propiedades del alimento fresco, anteriormente deshidratado.

Los alimentos deshidratados, en condiciones óptimas, son los que menos se deterioran y se rehidratan de forma natural.

La rehidratación de los alimentos debe ser lo más rápidamente posible Además tiene que mostrar las mismas características estructurales y químicas que el alimento fresco, así como sus propiedades nutricionales y sensoriales.

Dentro de los métodos de rehidratación más utilizados se encuentran:

> Inmersión en el agua

> Inmersión en soluciones azucaradas

Estos medios de rehidratación ayudan a conseguir un producto con unas características muy similares al producto fresco. En el método de rehidratación existen tres procesos simultáneos:

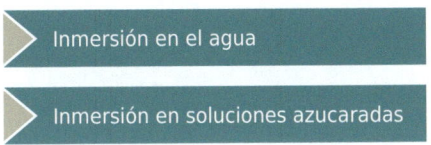

Primero
- La absorción de agua dentro del material deshidratado.

Segundo
- La lixiviación de los solutos.

Continúa en página siguiente >>

<< Viene de página anterior

Tercero
- El hinchamiento del material, donde el cambio de volumen del producto deshidratado es proporcional a la cantidad de agua que ha absorbido, aumentando o recuperando su tamaño y volumen inicial.

DEFINICIÓN

Lixiviación

Es un proceso en el que un disolvente líquido (agua, por ejemplo) se pone en contacto con un sólido pulverizado para que se produzca la disolución de uno de los componentes del sólido.

Existen una serie de procedimientos que mejoran la rehidratabilidad:

Humectabilidad	- Es la capacidad que tienen las partículas para absorber agua en la superficie y poder iniciar la rehidratación. Dependerá del tamaño de las partículas, ya que si estas son excesivamente pequeñas formarán unos grumos y no se humedecerán individualmente. La grasa también va a disminuir la humectabilidad. Este efecto se puede evitar con productos emulsionantes.
Sumergibilidad	- Es la capacidad que tienen las partículas para hundirse en el agua. Los mejores resultados se obtienen de las partículas más grandes y densas.
Dispersabilidad	- Es la facilidad con la que las partículas se distribuyen, de forma individual, en la superficie o el espesor del agua.

Continúa en página siguiente >>

<< Viene de página anterior

Solubilidad	- Es la velocidad y el grado de disolución de las partículas en el agua. Depende de su composición química y del estado físico que tengan. Algunos productos se presentan en forma de polvo, como la leche o el café, de manera que para que tengan unas buenas características de reconstitución se someterán a un proceso de instantaneización antes del secado final. En otros casos se recomienda emplear agua caliente o ligeramente salada.

6.4. Aplicaciones sencillas de regeneración

El método elegido para llevar a cabo la regeneración dependerá de la materia prima a regenerar, su estado de conservación y los métodos de cocción previamente utilizados.

Carnes y pescados

Para su regeneración, en caso de estar congelados, se descongelarán a temperatura de refrigeración, nunca a temperatura ambiente. En caso de que el producto se vaya a cocinar sin descongelar, hay que asegurarse que el calor llegue al centro del producto, ya que el producto final puede tener aspecto de cocinado pero estar totalmente crudo o frío en su interior.

Huevos y ovoproductos

El almacenamiento y manejo apropiado de estos productos debe estar muy controlado para mantener su calidad y evitar su deterioro.

En caso de estar congelados, se descongelarán a temperatura de refrigeración o bajo corriente de agua fría en el envase, sin abrir, y deberán tener un uso inmediato.

Verduras y hortalizas

Lo mejor es que su cocción sea directa en el agua hirviendo, siempre y cuando vayan a ser servidas hervidas. En caso de no ser así, habría que descongelarlas pasándolas por cámaras frigoríficas.

Normalmente, a las verduras congeladas frescas hay que darle un previo escaldado, para así eliminar posibles bacterias que puedan producir un deterioro de las mismas. En la industria alimentaria las verduras son ultracongelados, por lo que esto no sería necesario.

Frutas congeladas

Las frutas congeladas necesitan de una descongelación lenta a temperatura ambiente. En este caso, la regeneración no es tan común, ya que la fruta al ser congelada pierde muchas de sus propiedades.

Normalmente, si el destino de la fruta es la congelación se procesa previamente, para poder realizar purés, zumos, extracción de pulpas, etc. La fruta congelada se reserva para piezas pequeñas, sin procesar, como fresas, arándanos, moras, grosellas y frutos silvestres, en general.

Platos ultracongelados

Los platos ultracongelados se someten directamente a un cocinado donde el calor debe llegar al centro del producto.

Hoy día, la variedad es infinita y los productos que ofrecen cada vez son de mayor calidad. Debido a que estos tipos de preparados son cada vez más utilizados, los métodos de regeneración son cada vez más avanzados, por ello existen en el mercado infinidad de maquinaria para su regeneración.

 **NOTA**

Los platos ultracongelados deberán mostrar las indicaciones requeridas para su regeneración, siendo utilizado en su envasado materiales aptos para ello, siendo normalmente regenerados en el recipiente en el que se comercializa.

Productos salmuerizados

Estos productos, tras la salmuera, tienen que llevar a cabo otros procesos como el oreo, curado, cocción, ahumado, etc.

Hay productos que tras este proceso pueden consumirse directamente, como el jamón serrano, jamón de York, huevas de pescado, etc., hay otros que deben ser cocinados como el lomo adobado y otros que tienen que ser desalados y después cocinados, como el bacalao. En este último caso se deben tener en cuenta las siguientes pautas:

> Debe hacerse siempre que sea posible en cámaras frigoríficas, con una temperatura de 5 a 7 ºC, introduciendo el bacalao en agua fría, calculando tres partes de agua por una de bacalao.

> Las tajadas de bacalao deben ser todas de igual tamaño, separándose para el desalado las finas de las gruesas.

> Las tajadas deben colocarse con la piel hacia arriba, lo que le facilita la salida de la sal que se suele concentrar en la piel.

> El tiempo para el desalado es de unas 36 h para las tajadas de tamaño medio y las grandes pueden tardar hasta 40 h.

 **NOTA**

En el proceso de desalado, la piel se debe orientar hacia arriba.

 TAREA 3

Para el menú del día del bar-cafetería Maza de hoy te piden que rescates un guiso del congelador. Como integrante de la plantilla del bar y sabiendo que dispones de dos horas para comenzar con el servicio. Específica que técnica

Continúa en página siguiente >>

<< Viene de página anterior

de regeneración utilizarías, así como designa una posible presentación para el producto, sabiendo que también incluirás como guarnición patatas.

Justifica tu respuesta.

6.5. Aplicación de técnicas de conservación

El principal objetivo de la conservación de los alimentos es la prevención del deterioro de estos, bien por la proliferación de los microorganismos o por la oxidación, por las reacciones químicas o por el ataque de plagas o insectos. Así que, se debe extremar la higiene a la hora de manipular los utensilios y los recipientes, al igual que las instalaciones y personal que entra en contacto con los alimentos. Igualmente, se debe proteger el alimento una vez que se haya tratado con los medios adecuados y aplicar, en todo momento, el método de conservación más adecuado, según el tipo de alimento.

Frío. Conservación por frío

Desde la antigüedad se ha pensado mucho en cómo poder alargar la vida útil de los alimentos, de manera que cada cultura ha ido desarrollando sistemas para que así ocurriese, surgiendo de esta manera los ahumados, las salazones o los escabeches.

También se encuentra el método de emplear especias, aunque estas más que conservar lo que hacen es disimular el estado del producto. Los adobos y marinados también contribuyen a este disimulo, además de servir como un ligero conservador.

El frío y las nuevas tecnologías permiten unos sistemas de conservación que respetan la integridad del producto.

Este tipo de conservación es el principal sistema de mantenimiento de los productos en las industrias alimentarias. Respeta al producto sin que sea necesario añadir conservantes, siendo complementario y compatible con otros sistemas de conservación.

Este tipo de conservación puede ser por:

Frío positivo - Refrigeración	Frío negativo - Congelación
- El frío positivo es el que se encuentra por encima de los 0 ºC. En las cámaras frigoríficas se encuentran entre 1 y 3 ºC o entre 4 y 6 ºC, según los productos que se vayan a conservar. Las temperaturas más frías son para la carne y el pescado, y las menos frías para las frutas y hortalizas.	- El frío negativo se encuentra por debajo de los 0 ºC. Las cámaras de conservación van a tener una temperatura de -20 ºC.

Además de conseguir los grados adecuados, es necesario conseguir un abatimiento de temperatura, es decir, enfriar rápidamente de manera que los productos cocinados bajen la temperatura de una manera relativamente rápida, como obliga la normativa sanitaria.

Es importante señalar que, en el caso de no tener cámaras separadas, habrá que colocar en la parte superior los productos ya cocinados o curados y en la parte inferior los géneros crudos, debidamente etiquetados y envasados.

Temperatura de conservación de los alimentos	
Carnes y productos cárnicos	0-5 ºC
Pescados	0-4 ºC
Productos lácteos	4-6 ºC
Comidas refrigeradas (con un periodo de duración inferior a 24 h)	4 ºC
Comidas refrigeradas (con un periodo de duración superior a 24 h)	-18 ºC

Refrigeración o frío positivo

Todos los productos perecederos se conservarán en frío. Este tipo de conservación se basa en que la vida biológica del producto se desarrolla de manera más lenta, haciendo que se ralentice el envejecimiento y ampliando por lo tanto, la vida del producto. El frío además, permite almacenar frutas, pudiendo obtener el grado de madurez óptimo solo con aumentar o disminuir la temperatura, para adelantar o retrasar la madurez.

El efecto del frío ralentiza la actividad y la proliferación de microorganismos, pero será por debajo de los 3 °C cuando dejen de producir toxinas.

Por otro lado, hay que tener en cuenta la humedad de las cámaras en este tipo de refrigeración, para que no se produzca una deshidratación de los productos que se quieran conservar.

La regulación de humedad y temperatura deberá considerar el alimento a conservar.

Congelación o frío negativo

Para la congelación es necesario estar por debajo de los -18 °C, haciendo que se detenga la multiplicación de los microorganismos. Este frío no los va a matar, sino que los inhibe de forma transitoria, pudiendo llegar a multiplicarse en cuanto se eleve la temperatura.

Para una correcta congelación son necesarios distintos sistemas, células de congelación rápida, abatidores congeladores o túneles de congelación. Cualquiera de estos realizará una congelación rápida, con lo que el agua de las células del producto formará pequeños cristales que no romperán las membranas celulares cuando el producto se regenere, por lo que no se modificará la textura de los productos.

Dentro de la congelación se pueden distinguir:

Congelación
- Se realiza sometiendo el producto a -20 ºC aproximadamente. Es un proceso sencillo y lento, de esta forma el agua formará cristales que, al descongelarse, rompen la membrana celular y deteriora de forma sensible la textura del producto.

Continúa en página siguiente >>

<< Viene de página anterior

Ultracongelación
- Consiste en llevar el producto lo más rápidamente posible a una temperatura de -40 ºC, alcanzando en el interior del producto los -18 ºC, produciendo la formación de cristales más pequeños que no van a deteriorar la pared celular, como ocurre en la congelación, y consiguiendo un mejor mantenimiento. Se realizará mediante frío criogénico o frío mecánico. El frío criogénico consiste en pulverizar sobre los alimentos chorros de fluidos criogénicos, nitrógeno líquido o anhídrido carbónico. En el frío mecánico se pasa el producto por un circuito cerrado de líquido refrigerante sin contacto con el alimento. Este sistema va a ser el más utilizado en los establecimientos de restauración, principalmente para pastelería.

Abatimiento de temperatura

Consiste en bajar la temperatura de 70 °C a 10 °C en el centro de un producto ya cocinado, en un tiempo menor a 2 h. Con este tipo de tratamiento se consigue mantener todas las características gustativas y sanitarias.

Este proceso solo se puede llevar a cabo con abatidores de temperatura o de células de congelación ultrarrápida.

Se fabrican abatidores de temperatura y de células de congelación específicos para pastelería y para cocina, con unas guías que tienen las medidas de "latas" que se utilizan para cocer en el horno, mientras que los destinados a otros productos de cocina, en general, tienen las medidas de "Gastronom". Así, también se evitará que en lugares donde hay otro tipo de producción, se mezclen productos de pastelería con otras elaboraciones diferentes.

RECUERDA

Los abatidores de temperatura permiten bajar la temperatura de 70 ºC a 10 ºC en dos horas, consiguiendo mantener todas las características gustativas y sanitarias.

Secado. Deshidratación

La deshidratación consiste en hacer que un producto pierda toda su agua, de manera que el desarrollo del microorganismo sería muy difícil, ya que estos necesitan un cierto grado de humedad para sobrevivir. Las principales características son:

> Eliminación del contenido de agua de los alimentos, pudiendo llegar hasta el 98 %

> Reducción del peso y de volumen

> Conservación e intensificación del aroma natural

> Recuperación de las propiedades, olor, sabor y color, tras la rehidratación

Productos sometidos al proceso de rehidratación

Hay productos destinados a consumirse desecados, como los orejones, las pasas, los higos, etc. Este sistema permite, además de intensificar el sabor, aroma y color, que también el almacenaje y la conservación de estos alimentos sea más fácil. Los procesos a los que se someten los productos se diferencian en:

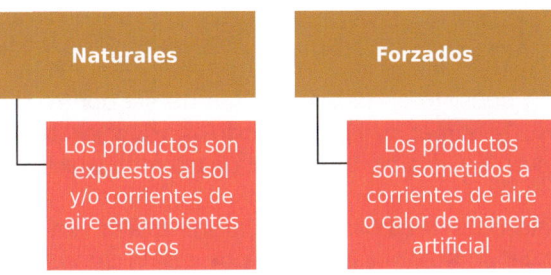

NOTA

Esta técnica suele aplicarse a frutas, legumbres, carnes y pescados, después de una salazón, especias, leche, cacao, sopas preparadas, salsas y huevos.

Liofilización

Es una deshidratación a temperaturas por debajo de cero grados, se congela el producto y se somete a una cámara de vacío hasta la eliminación del agua convertida en hielo, quedando únicamente el extracto seco.

Es una técnica bastante costosa y lenta si se le compara con los métodos tradicionales de secado, pero dota a los productos de una mayor calidad, ya que al no emplear calor, evita en gran medida las pérdidas nutricionales y organolépticas.

En general, el café instantáneo o las sopas instantáneas no son liofilizadas, ya que el alto precio de los liofilizadores y su relativamente baja capacidad, hacen que esta técnica no sea muy atractiva para tratar grandes cantidades de producto. Sin embargo, la liofilización sí es usada en café instantáneo de una mejor calidad, pero a un mayor precio para el consumidor.

 SABÍAS QUE...

En los productos cárnicos liofilizados es común la adición de antioxidantes para evitar un exceso de oscurecimiento del producto, producido por su baja hidratación.

Salado. Salazón

La salazón consiste en la penetración de sal dentro del producto, absorbiendo esta la humedad y provocando una deshidratación parcial que hace que disminuya el posible desarrollo de microorganismos.

Para las salazones de carnes se elaborará una salmuera nitrificada donde los nitrificantes van a hacer que la hemoglobina de la carne no se oxide, dándole un color rosado en lugar del gris, que tendría si la salmuera no estuviese nitrificada.

Jamones sometidos a proceso de salazón

Tipos de salazón

El uso de la salazón como sistema de conservación diferencia dos técnicas: la salmuera seca y la salmuera líquida, siendo su uso característico en torno al producto a tratar, aportando al producto unas características organolépticas propias.

Salmuera seca

Consiste en rodear al producto de sal de manera que, a la vez que se va absorbiendo la humedad, va penetrando en los tejidos.

Se utiliza principalmente para pescados como bacalao o anchoas y también para carnes, como por ejemplo los jamones.

Se le añadirá además, distintos aditivos durante sus procesos industriales, entre los que cabe destacar los fosfatos para curados, que son de naturaleza alcalina y que servirá para que el producto pierda agua.

Pescado en salmuera seca

Salmuera líquida

Consiste en sumergir o inyectar al producto en una salmuera compuesta de agua, sal, azúcar, especias y sal nitro.

Esta técnica es utilizada en la obtención de productos como los jamones, el bacón y los fiambres sin picar en general.

Al igual que en la salmuera seca, se añadirán aditivos durante el proceso industrial, destacando los fosfatos para cocidos de naturaleza ácida y utilizados para que se retenga el agua.

Piezas de queso sometidas a salmuerización

 **NOTA**

El proceso de inyección de la salmuera puede llegar a hacer doblar el peso y volumen de las piezas inyectadas.

APLICACIÓN PRÁCTICA

En el bar-cafetería Maza se ofrecen productos como el salmón y la trucha marinada, fileteada en pequeños bocados, que se acompaña con tostadas de pan de centeno. Para ello, se adquieren los pescados enteros. ¿Sabrías identificar cuál o cuáles son los insumos necesarios para su obtención, así como pasos a llevar a cabo?

a. Se limpiarán los lomos eliminando piel y espinas.
b. En todo caso, el proceso de salado se llevará a cabo en piezas enteras, independientemente de su tamaño o finalidad de servicio posterior.
c. Se utilizará una mezcla de sal y azúcar para el proceso, pudiendo además adicionarla de especias como por ejemplo el eneldo.
d. Los lomos limpios deben ser sometidos a un blanqueado previo al proceso de salado.

Solución

El proceso de salado partirá de la obtención de lomos limpios de espinas, pero conservando la piel, ya que permitirá su manejo. En ningún caso, se requiere de un proceso previo de blanqueado. En cuanto al tiempo de salado, indicar que dependerá del volumen del producto, siendo necesario utilizar una mezcla de sal y azúcar en el proceso, pudiendo además adicionarla de especias como por ejemplo el eneldo. Del mismo modo, en pescados de pequeño formato, pueden llevarse a cabo el proceso con los pescados enteros, siendo un ejemplo las anchoas.

ACTIVIDAD COMPLEMENTARIA

3. Los tratamientos de salazón atienden a distintos parámetros, como son los relacionados con el tipo de alimento, el volumen o el peso.

Lleva a cabo una búsqueda sobre los tiempos y procesos de salazón en base al tipo de producto y técnica aplicada, pudiendo establecer una relación orientativa en base a los datos obtenidos.

Ahumado

El ahumado consiste en la penetración en el producto de unos agentes bactericidas como el metanal y la creosota, que se encuentran en el humo. Esto unido a la deshidratación y conservación en frío del producto, hace casi imposible el desarrollo de microorganismos.

Hay muchos productos en los que el ahumado va unido a una previa salazón.

Productos cárnicos ahumados

Para el ahumado, se emplea leña o serrín de maderas aromáticas que no sean resinosas. Antiguamente, se hacía colocando los productos en la chimenea, exponiéndolos a la acción del humo. En la actualidad, para los procesos industriales y la industria de hostelería existen unos ahumadores en los que se realiza este proceso de forma controlada.

Una vez ahumados, los productos deben conservarse en frío a una temperatura de entre 0 y 2 °C.

IMPORTANTE

Los pescados deben envasarse con aceite o al vacío, untados con un poco de aceite.

Tipos de ahumado

En base a la temperatura aplicada durante el proceso se diferencian dos tipos de ahumado, describiéndose a continuación.

Ahumado en frío
- Aquí se expone el producto en el ahumador a una temperatura de entre 30 y 38 ºC, para después pasarlos a una temperatura de entre 24 y 28 ºC, normalmente en una cámara aparte.
- El tiempo de ahumado y el del serrín o mezcla dependerá del tipo de producto y de su grosor.
- Este sistema está indicado para productos de larga conservación como quesos, salmones, embutidos o jamones.

Ahumado en caliente
- Se coloca el producto en el ahumador a una temperatura entre 100 y 300 ºC para después pasarlo a 40 o 45 ºC. Se emplean en productos como las salchichas que son de ciclo corto.

NOTA

Una vez ahumados, los productos deben conservarse en refrigeración, complementándose con otras técnicas como por ejemplo el envasado al vacío.

Especias. Adobos, escabeches y encurtidos

El uso de las especias en torno a tratamiento de conservación, se refleja de forma principal en la técnica del adobo, el escabeche y el encurtido.

Adobos

El adobo consiste en introducir el producto ya troceado, en un preparado con elementos que mejoran su conservación, además de aromatizar. Entre estos elementos, cabe destacar el aceite, la sal o el vinagre.

Los elementos ácidos como el limón o el vinagre son característicos en esta preparación.

IMPORTANTE

El adobo se debe complementar con la conservación en frío.

Tipos de adobo

El adobo no es solo una técnica de conservación, sino que también aportará unas características organolépticas propias al producto, siendo incluso utilizado para ablandar las fibras de algunas carnes como las provenientes de la caza. Por ello, se diferencian varios tipos, siendo característico diferenciar entre los utilizados para pescados y carnes.

Adobo para pescado

Este tipo de adobo está compuesto por vinagre, ajo, orégano y agua, pudiendo llevar también: perejil, tomillo, laurel, pimienta o pimentón.

Su principal uso se asocia con pescados de baja calidad gustativa, como puede ser el cazón o la palometa, teniendo además asociada la técnica de fritura en su cocinado.

La técnica de la fritura en pescados debe acompañarse de algún elemento que lo recubra, existiendo tres variantes principalmente: el enharindo, el rebozado y el empanado.

💬 CONSEJO

Parte del vinagre también puede ser sustituido por zumo de limón.

- -

- - - - - - - - - - - - -

Adobo para carne

Va a estar formado por ajo, laurel, tomillo, pimentón, sal y vino blanco.

Todo esto se mezcla con la carne, quedando ligeramente espeso, por lo que se debe remover cada día.

Principalmente se emplea para la carne de cerdo, aunque también puede emplearse para algunos pescados grasos.

Además de conservar, el adobo también puede ser utilizado para ablandar algunas carnes previo a su cocinado.

Escabeche

El escabeche es un método muy típico en España, ideado principalmente para conservar las piezas procedentes de la caza y de la pesca de río. Se introduce el producto en un preparado cocinado a base de vinagre, aceite, sal y especias, cuyas proporciones serían de 2 partes de aceite, una de vinagre y una de vino blanco, azúcar, sal, laurel, unos granos de pimienta y unos dientes de ajo. Todo este preparado se debe cocer y añadir al producto que se quiere escabechar. También es posible añadir pimentón, cebolla, zanahoria, etc.

Mejillones en escabeche

En el escabechado hay que tener en cuenta que:

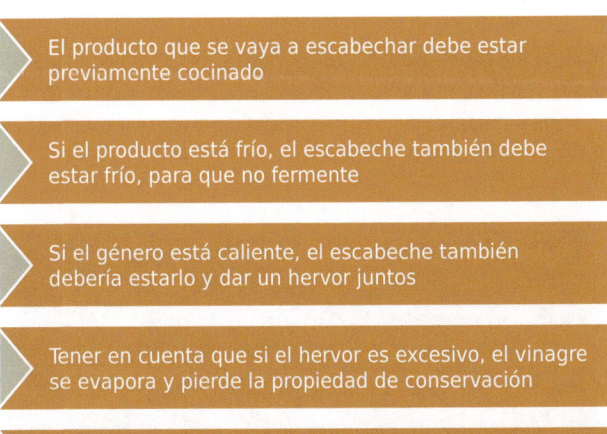

El producto que se vaya a escabechar debe estar previamente cocinado

Si el producto está frío, el escabeche también debe estar frío, para que no fermente

Si el género está caliente, el escabeche también debería estarlo y dar un hervor juntos

Tener en cuenta que si el hervor es excesivo, el vinagre se evapora y pierde la propiedad de conservación

Una vez elaborado el escabeche, hay que retirar el ajo y las hortalizas, ya que podría fermentar

Los escabeches se pueden conservar en la cámara durante varios meses, incluso los de fabricación industrial, que además se esterilizan en las latas en las que son presentados, haciendo así que su conservación sea mayor.

Encurtido

El encurtido consiste en la inmersión de un género en vinagre, que generalmente está aromatizado con especias, de manera que el producto queda aislado en un ambiente en el que es muy difícil que crezcan los microorganismos.

Ejemplo de encurtidos

Tipos de encurtido

Al igual que se diferencian varias técnicas de salazón o adobo, el proceso de encurtir también tendrá presente el tipo de producto a tratar, aunque de forma generalizada el principal producto presentado y comercializado bajo esta técnica son las hortalizas.

> **Encurtidos para hortalizas**
> - Este tipo consiste en el blanqueado de la hortaliza, con refrescado o no, y con inmersión en vinagre aromatizado con las especias. Se emplea con los pepinillos, las alcaparras, las berenjenas, el tomate, el pimiento, la coliflor, etc.
> - La proporción de vinagre utilizada deberá corresponderse con el tipo de producto a tratar, siendo normalmente diluido mediante el uso de agua.

Continúa en página siguiente >>

<< Viene de página anterior

Encurtidos para pescados
- Contando con un producto de primera calidad (limpio y desangrado). Se procede a sazonar el producto, cubriéndolo a continuación con vinagre. El tiempo requerido para este paso dependerá del tipo de pescado y de su tamaño, debiéndose comprobar que el producto está "cocido".
- Retirar el vinagre, y cubrir con aceite de oliva, adicionándolo con productos tales como el ajo o el perejil.

 **IMPORTANTE**

La aplicación de esta técnica en los pescados requiere de la previa congelación de los pescados, previniendo el riesgo de intoxicación por anisakis.

Calor. Confitado y otras técnicas de aplicación

La aplicación de calor, tanto directa como indirecta también facilita procesos de conservación. A continuación se presentan algunos de los más singulares.

Confitar

El confitado es un proceso que consiste en el cocinado del producto con su propia grasa o una grasa añadida. Se mantiene cubierto con grasa, de manera que quede aislado del exterior por la grasa, impidiendo la entrada y proliferación de los microorganismos, y la destrucción por el calor de aquellos que ya existían.

La manteca de cerdo es uno de los principales productos utilizados en el desarrollo de esta técnica, por tener un sabor más neutro.

Aunque esta técnica puede ser utilizada con multitud de ingredientes, en Francia esta técnica es un referente para la carne de pato y oca confitada en su propia grasa, son los llamados "confits". Por su parte, en España y principalmente en Andalucía, se elabora el "lomo de orza" el cual se hace con manteca de cerdo.

 SABÍAS QUE...

Esta técnica de cocción desarrollada sobre grandes piezas de pescado es cada vez más usual, siendo protagonista el atún.

La técnica del confitado también puede ser utilizada en base a la adición de azúcares. Un ejemplo de ello son las compotas, por las que un producto (normalmente frutas y hortalizas) es introducido y cocinado en una disolución de azúcares no superior al 15 %.

Ejemplo de compota de melocotón, pera y manzana troceada y grosellas negras enteras

---

Otras técnicas aplicadas

Otras técnicas asociadas a la conservación de los alimentos mediante la aplicación de calor son las siguientes.

Esterilización

La esterilización es un proceso que destruye en los alimentos todas las formas de vida de microorganismos patógenos o no patógenos, a temperaturas adecuadas, aplicadas de una sola vez o por tindalización. (115-130 °C durante 15-30 min). Si se mantiene envasado el producto la conservación es duradera.

En un principio, la esterilización consistía en el calentamiento al baño maría o en autoclave de alimentos, después de haberlos puesto en recipientes de cristal, como frascos o botellas.

 **DEFINICIÓN**

Tindalización
Esterilizar por el calor, en varios tiempos, para que en uno y otro se desarrollen las esporas en formas adultas, las cuales son destruidas posteriormente con más facilidad.

En el ámbito industrial alimentario se considera también como esterilización el proceso por el que se destruyen o inactivan la casi totalidad de la flora banal, sometiendo a los alimentos a temperaturas variables, en función del tiempo de tratamiento, de forma que no sufran modificaciones esenciales en su composición y se asegure su conservación a temperatura adecuada durante un período de tiempo no inferior a 48 h.

La acidez es un factor importantísimo, cuanta más acidez mejor conservación (frutas, tomate, col, preparados tipo *ketchup,* y algunas hortalizas ácidas), en algunos casos, ni siquiera necesita llegar a temperaturas de ebullición.

Para asegurar la acidez (incluso tratándose de los alimentos anteriores, cuando son muy maduros) conviene añadir aproximadamente 2 cucharadas de zumo de limón, por cada 500 g de género.

En cambio, carnes, aves, pescados y el resto de las hortalizas, al ser muy poco ácidas, necesitan mayor temperatura, por lo que solo es posible su esterilización en autoclave. De no alcanzar la temperatura precisa podrían contaminarse y producir botulismo, si se consumen.

En general, siempre se desechará cualquier conserva que presente olor, aspecto o sabor extraños.

Pasteurización

La pasteurización es una operación consistente en la destrucción térmica de los microorganismos presentes en determinados alimentos, con el fin de permitir su conservación durante un tiempo limitado.

La pasterización se realiza, por lo general, a temperaturas inferiores a los 100 °C. Se puede distinguir la pasteurización en frío, a una temperatura entre 63 y 65 °C durante 30 min, y la pasteurización en caliente, a una temperatura de 72-75 °C durante 15 min. Cuanto más corto es el proceso, más garantías existen de que se mantengan las propiedades organolépticas de los alimentos así tratados.

Después del tratamiento térmico, el producto se enfría con rapidez hasta alcanzar 4-6 °C, a continuación, se procede a su envasado. Los productos que habitualmente se someten a pasteurización son la leche, la nata, la cerveza y los zumos de frutas.

El pasteurizado consiste en un sistema continuo que comunica inicialmente vapor de agua o de radiaciones infrarrojas, mediante un intercambio de calor, a continuación el producto pasa a una sección en la que se mantiene la temperatura durante un tiempo dado, en la sección final del aparato se verifica el enfriamiento mediante otro sistema intercambiador de calor que, en este caso, se abastece primero de agua fría y finalmente de agua helada.

Uperización

La uperización (U.H.T.) es un sistema esterilizador más moderno, basado en la relación temperatura-tiempo, utilizando temperaturas de 140 °C o mayores, normalmente en forma de vapor durante muy pocos segundos.

El alimento queda totalmente esterilizado y la pérdida nutritiva es inferior que en la esterilización tradicional. No hay cambios de sabor o color. Estos productos, una vez envasados, no necesitan conservación en frío. Eso sí, cuando se abren deben conservarse en refrigeración, teniendo un tiempo limitado que dependerá del producto.

Radiaciones

Otra de las técnicas asociadas a la conservación de productos alimentarios se relaciona con la aplicación de radiaciones. En alimentación, la denominada como irradiación o pasteurización fría, es un tratamiento que puede darse a ciertos alimentos mediante radiaciones ionizantes, generalmente electrones de alta energía u ondas electromagnéticas (radiación X o gamma). El proceso involucra exponer los alimentos a cantidades controladas de esa radiación para lograr ciertos objetivos.

Suele utilizarse el proceso para prevenir la reproducción de los microorganismos como las bacterias u hongos que causan el deterioro de los alimentos, cambiando su estructura molecular y evitando su proliferación o algunas enfermedades producidas por bacterias patógenas. También puede reducir la velocidad de maduración o el rebrote de ciertas frutas y verduras, modificando o alterando los procesos fisiológicos de sus tejidos, sin alterar sus propiedades nutricionales ni organolépticas o físicas.

Es un proceso por el cual se consigue la desinfección de los cereales y las frutas frescas y la eliminación de los insectos y destrucción de bacterias de la carne fresca.

Logotipo usado para marcar aquellos alimentos que han sido tratados mediante radiaciones.

Envasado en atmósfera modificada y envasado al vacío

Este tipo de conservación se basa en la eliminación o modificación de las proporciones de gas normalmente presentes en el aire, en un recinto cerrado y climatizado.

Envasado en atmósfera modificada

Esta técnica se emplea para evitar el utilizar aditivos para su conservación. Se emplea tanto para productos cocinados como para productos crudos.

En hostelería, solamente se utiliza en productos que puedan sufrir aplastamiento, como pueden ser la lasaña, las ensaladas, la bollería, etc.

Se va a sustituir el aire por un gas inerte y se va a cerrar herméticamente la bolsa. Los gases que se utilizan son: nitrógeno, oxígeno, anhídrido carbónico o bien la mezcla de estos gases.

Las altas concentraciones de CO_2 y las bajas de O_2 tienen numerosos efectos beneficiosos, como inhibición o ralentización del desarrollo de mohos otros microorganismos, e inhibición de ciertas enzimas responsables del pardeamiento enzimático.

Las bolsas de embalaje y los *films* de plásticos se utilizan en la distribución para crear la atmósfera modificada.

Este método tiene una serie de ventajas:

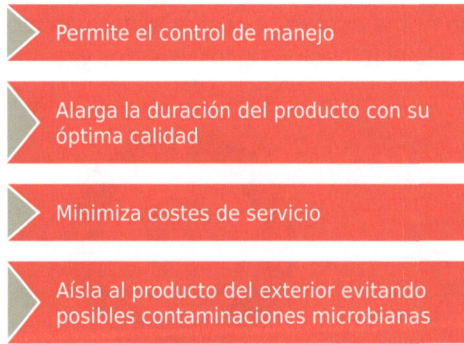

Permite el control de manejo

Alarga la duración del producto con su óptima calidad

Minimiza costes de servicio

Aísla al producto del exterior evitando posibles contaminaciones microbianas

La modificación de la atmósfera es diferente según los productos a conservar, por lo que se ven por separado, según la naturaleza del producto. Se pueden distinguir:

Carnes
- Ofrece una mejor presentación y preservación o aislamiento del producto de toda contaminación externa. Se utiliza para la distribución y comercialización de carnes al por menor.

Continúa en página siguiente >>

<< Viene de página anterior

Frutas y hortalizas
- Tanto las frutas como las hortalizas, al ser organismos vivos, llevan a cabo una respiración. Cuando se encuentran encerradas, la respiración va consumiendo oxígeno y crea dentro del embalaje una atmósfera modificada rica en CO_2, con lo que el desarrollo del fruto o la hortaliza se ralentiza. Además, se va a crear un grado de humedad que limitará la deshidratación del producto. En las industrias hortofrutícolas, las cámaras contienen un alto nivel de CO_2, pudiendo retrasar de esta manera los procesos de maduración.

Comidas preparadas
- Este tipo de comidas envasadas en atmósferas controladas son la respuesta a la demanda del consumidor de productos de calidad sin la adición de aditivos conservadores. Está indicado para elaboraciones que pudieran deteriorarse o deformarse por aplastamiento, como ocurriría si se envasaran al vacío. Entre ellas se encuentran: pizzas, canelones, patatas fritas, cereales o sándwiches.

Productos de panadería y pastelería
- Se emplea para evitar el problema de la aparición de mohos. Con este método se alargará la vida útil del producto sin afectar al aroma, al sabor ni a la textura. Se utiliza principalmente para pan de molde, bollería, galletas y bizcochos.

Además de regular la atmósfera que protege al producto, también se pueden utilizar envases opacos, evitando así que se oxide por acción de la luz el producto conservado.

Envasado al vacío

El envasado al vacío es una técnica más moderna que las anteriores, complementando o posibilitando a otros sistemas de conservación. Este tipo de envasado ayuda a preservar el producto de todo contacto con el exterior, con lo que está aislado de cualquier posible contaminación por contacto, se evitará la pérdida de peso por evaporación y, por tanto, no se resecará el producto y se evitará la oxidación de este.

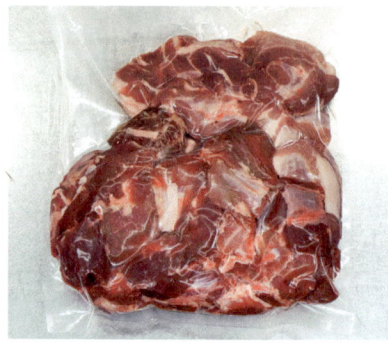

Carne envasada al vacío

El envasado al vacío no requiere un equipamiento especial, solo se necesita una máquina de envasado al vacío y bolsas especiales para el envasado. En cambio, la cocina al vacío va a ser diferente, ya que se requiere un equipo y unas técnicas muy concretas en función del sistema de producción.

Aplicaciones del envasado al vacío

El uso del envasado al vacío debe contemplar las características del producto a envasar, así como el tratamiento adicional de conservación a aplicar, sirviendo como ejemplo la diferencia entre productos frescos y congelados, productos curados, etc., no debiendo además considerar las técnicas culinarias asociadas al uso de esta técnica, obteniendo resultados inigualables con cocciones a baja temperatura, por ejemplo.

Envasado de productos frescos o semipreparados

Se utiliza para carnes, pastas, verduras, pescados, ensaladas, etc. Al encontrarse aislado del medio ambiente se preservan de todo agente contaminante, haciendo que el periodo de conservación sea más largo y que en su almacenaje no tomen olores de los alimentos que los rodean.

Envasado de productos curados

Se utiliza en productos de larga conservación como chorizos y jamones. Con el envasado al vacío estos productos no se resecan ni pierden peso, por lo que la conservación será mejor y mayor tiempo. Además, este tipo de método permite almacenarlos junto con otros productos en las mismas cámaras, sin miedo a que cojan algún olor de otro producto.

Envasado de productos frescos cocinados tradicionalmente

Es el envasado de productos tradicionales cocinados que se conservaran, refrigeraran o congelaran, incluyendo rellenos o salsas para una posterior terminación en conjunto, del plato. También se incluyen alimentos dorados al fuego y posteriormente envasados para terminar su cocinado al vacío. Los productos cocinados tradicionalmente deben envasarse antes de que la temperatura sea inferior a 65 °C y enfriarse lo más rápido posible. También es posible primero abatir la temperatura y luego envasar.

Envasado de productos para cocinar al vacío

Este tipo de técnica permite la cocción de un alimento en un envase herméticamente cerrado. La cocción se va a realizar a una temperatura por debajo de los 100 °C. La cocción se realiza por convección y, por lo general, el tiempo es mayor que en una cocción tradicional.

 TAREA 4

Para ampliar la oferta gastronómica del bar-cafetería Maza se decide incluir una nueva gama de aperitivos y platos combinados. En concreto, se decide incluir platos combinados que incluyan diversos mariscos, elemento que hasta ahora no suele ser representativo de esta oferta.

A fin de asegurar la calidad de estos productos y aumentar la variedad de nuestra oferta. Determina distintas combinaciones tanto como aperitivo como de plato combinado, justificando tanto la variedad utilizada, como la técnica culinaria requerida en el proceso.

7. Resumen

Los platos combinados y aperitivos forman parte de la oferta culinaria de bares y restaurantes, pudiendo servirse tanto como elemento principal o formar parte de alguna de las tipologías u ofertas culinarias de dichos establecimientos.

Tanto los platos combinados como los aperitivos pueden ser clasificados en base a los ingredientes utilizados, técnicas de cocción aplicadas o incluso formatos y cortes utilizados para el racionado y presentación de los ingredientes, siendo algunos ejemplos:

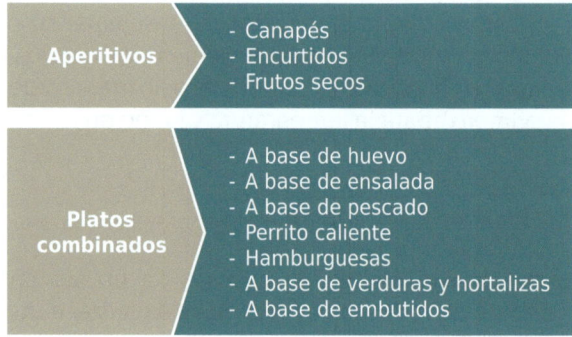

Las técnicas de cocinado aplicadas en la elaboración de los platos combinados y aperitivos son diversos, pudiendo destacar:

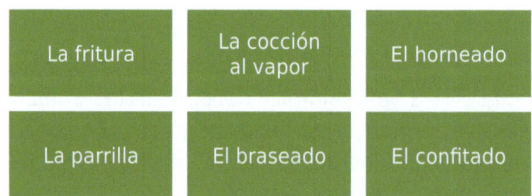

La aplicación de una u otra técnica será relevante, al igual que el corte dado al producto, facilitando distintos formatos y decoraciones.

Es importante destacar que las necesidades organizativas en base a la oferta de platos combinados y aperitivos hacen necesario la aplicación de técnicas de conservación y regeneración, facilitando así tiempos de servicio menores, así como un mayor aprovechamiento de los ingredientes.

En el caso de la regeneración, se ve condicionada por factores de temperatura, tiempo, humedad, método o sistema de calentamiento y progresión e inercia del calentamiento Además, los procesos a aplicar dependerán de las características del alimento y su estado de conservación. Así, se tiene que:

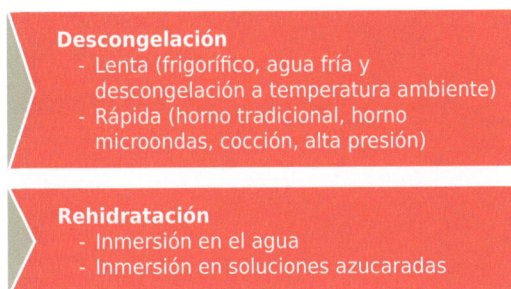

Finalmente, en torno a la conservación, indicar que se diferencia distintas técnicas como son:

Continúa en página siguiente >>

<< Viene de página anterior

Radiaciones	- Distintas longitudes de onda (radiación X o gamma)
Envasado	- Envasado al vacío - Envasado en atmósfera modificada

Ejercicios de autoevaluación
Unidad de Aprendizaje 1

1. Indica si las siguientes afirmaciones son verdaderas o falsas.

a. Por lo general, el plato combinado muestra preparaciones sencillas, rápidas y cómodas de elaborar.

■ Verdadero
■ Falso

b. El costo de los platos combinados y aperitivos dependerá tanto de su composición como de la calidad y tipo de alimentos que lo conforman.

■ Verdadero
■ Falso

c. Los denominados encurtidos tienen como elemento denominador común el uso del aceite de oliva.

■ Verdadero
■ Falso

2. El braseado es una de las técnicas utilizadas en la elaboración de los alimentos destinados a su servicio en platos combinados y aperitivos, caracterizándose por:

a. Someter a los géneros a un cocinado a fuego vivo o directo.
b. Someter a los géneros a un cocinado lento y prolongado en contacto con otros ingredientes de condimentación.
c. El uso de técnicas de fritura, siendo sumergida la pieza a cocinar en grasa vegetal o animal.
d. Todas las opciones son incorrectas.

3. Indica si las siguientes afirmaciones son verdaderas o falsas.

a. Los *crackers* son un tipo de canapé caliente.

■ Verdadero
■ Falso

b. Las tartaletas y barquillas permiten elaboraciones semilíquidas.

- ■ Verdadero
- ■ Falso

c. La decoración con mantequilla es empleada tanto para elaboraciones dulces como saladas.

- ■ Verdadero
- ■ Falso

4. El relevé...

a. ... describe las técnicas utilizadas en la transformación de los alimentos utilizados para la obtención de elaboraciones culinarias específicas.
b. ... es el documento utilizado para registrar los movimientos de alimentos entre departamentos, sin incluir el economato o almacén.
c. ... es el documento utilizado para anotar de forma exhaustiva, los géneros que entran y salen de cocina permitiendo valorar el consumo diario de materias primas.
d. ... es el documento de registro periódico utilizado para el control de existencias en el almacén.

5. Identifica las características asociadas al empleo de una técnica de emplatado clásica.

a. Las salsas serán servidas aparte, formen parte del elemento principal o sean un complemento del servicio. No servir salsa en el plato principal.
b. No se lleva a cabo el uso de moldes como timbales o aros en este tipo de emplatado.
c. El género principal se coloca en la parte derecha del plato.
d. La guarnición se coloca en la parte derecha del plato.

6. **El corte denominado "paisana", asociado al servicio de patatas o verduras como el calabacín o la zanahoria se caracteriza por...**

   a. ... ser un corte en dados de 1 a 1,5 cm de grosor.
   b. ... ser un corte en tiras de 5 a 7 cm de longitud y 0,5 cm de grosor.
   c. ... ser un corte en lonchas de unos 0,3 cm de grosor.
   d. ... ser un corte en tiras de 3 a 5 cm de longitud y con un grosor inferior a los 0,3 cm.

7. **El corte asociado al ganado vacuno denominado *osso bucco,* se obtiene de:**

   a. El pecho
   b. El morcillo
   c. La cadera
   d. El lomo alto

8. **¿Qué tipo de composición se relaciona con la repetición de elementos principales con alternancia de otros menos importantes, creando un efecto dinámico y estimulante que capta mucho la atención?**

   a. Composición oblicua
   b. Composición rítmica
   c. Composición simétrica
   d. Composición piramidal

9. **Identifica cuál o cuáles de los siguientes factores influirán en todo proceso de regeneración.**

   a. La temperatura y el tiempo.
   b. El tiempo y la humedad.
   c. El método o sistema de calentamiento, así, como su inercia.
   d. Todas las opciones son correctas.

10. **Indica si las siguientes afirmaciones son verdaderas o falsas.**

    a. La acidez es un factor importantísimo para la conservación

       ■ Verdadero
       ■ Falso

b. En general, siempre se desechará cualquier conserva que presente olor, aspecto o sabor extraño.

■ Verdadero
■ Falso

Aplicación correcta de las normas de la calidad. Mejora de la calidad en platos combinados y aperitivos

Contenido

1. Introducción
2. Concepto de calidad
3. Normas de calidad aplicadas a la restauración
4. Certificaciones de calidad en empresas turísticas
5. Resumen

Objetivos

Aplicar las normas de calidad durante el proceso de elaboración y manipulación de platos combinados, asegurando la calidad del servicio y llevando a cabo las buenas prácticas.

→ Reconocer el concepto de calidad aplicado al sector de la restauración.

→ Diferenciar los distintos sistemas orientados a la búsqueda de calidad.

1. Introducción

El concepto de calidad se considera ambiguo en cualquier ámbito, incluyéndose sin duda el ámbito alimentario. Dicha ambigüedad, unida a las costumbres, a la diversidad de alimentos, a las distintas culturas gastronómicas, así como a las pautas marcadas por iniciativas privadas sustentadoras de un posicionamiento explícito hacia productos o marcas, facilitan conceptos y posicionan productos o alimentos, que en ocasiones dudosamente pueden cumplir con los más mínimos estándares impuestos por organismos de coordinación y colaboración nacional e internacional, ya sean públicos o privados.

En base a estas premisas y para ofrecer una mayor practicidad al estudio del aseguramiento de la calidad y las actividades de prevención y control de los insumos y procesos para tratar de evitar resultados defectuosos, continuaremos exponiendo los ejemplos o casos acontecidos en el bar-cafetería Maza.

2. Concepto de calidad

 HILO CONDUCTOR

Los clientes habituales del bar-cafetería Maza muestran una satisfacción absoluta en torno a la calidad ofrecida tanto en el servicio como en el producto ofrecido por este establecimiento, más aún desde que se ha llevado a cabo una remodelación del establecimiento y su oferta gastronómica, imponiendo metodologías de trabajo basados en la aplicación de sistemas de gestión de la calidad que han permitido reducir los tiempos de servicio, aumentando al mismo tiempo la oferta y calidad de las elaboraciones servidas.

A lo largo de la historia, el término calidad ha sufrido numerosos cambios. Estos cambios ayudan a comprender de dónde proviene la necesidad de ofrecer una mayor calidad del producto o servicio que se proporciona al cliente y, en definitiva, a la sociedad, y cómo poco a poco se ha ido involucrando este concepto en la sociedad. La calidad no se ha convertido únicamente en uno de los requisitos esenciales del producto sino que, en la actualidad, es un factor estratégico clave del que dependen la mayor parte de las organizaciones, no solo para mantener su posición en el mercado, sino incluso para asegurar su supervivencia.

2.1. Definición de calidad

La palabra calidad tiene muchos y diferentes significados, siendo un conjunto de propiedades inherentes a un objeto que le da la capacidad para satisfacer necesidades implícitas o explícitas. La calidad de un producto o servicio es la percepción que tiene un cliente de dicho producto, es una fijación mental del consumidor que va a asumir la conformidad del mismo o del servicio, y la capacidad de este para satisfacer sus necesidades. Por lo tanto, se definirá en el contexto que se esté considerando, por ejemplo, la calidad del servicio en sala, del servicio en pisos, del producto, de vida, etc.

Diferentes clientes pueden tener diferentes conjuntos y niveles de requisitos respecto de una misma categoría de productos o servicios. Es por ello que la definición de requisitos, debe realizarse para un cliente o conjunto de clientes en particular. Y para ello, antes de definir los requisitos de un producto, debe necesariamente definirse al cliente para el cual va destinado.

 **DEFINICIÓN**

Calidad
Es el conjunto de características de un producto o servicio que cumplen con las expectativas del cliente para el cual fueron diseñados, satisfaciendo sus necesidades y expectativas. También involucra que la productividad, la rentabilidad y la aceptación en el mercado sean proporcionales al nivel de satisfacción del cliente.

Diferentes definiciones del concepto de calidad

Como se ha citado, el concepto de calidad puede atender a varias perspectivas, destacando la referida a producto, usuario y de valor, todas ellas desarrolladas a continuación.

Definición desde una perspectiva de producto

La calidad de un producto está dada por la percepción del cliente hacia ese producto, en función del conjunto de características que el consumidor evalúa para él mismo, y del nivel significativo que cada una de ellas tiene para ese cliente.

Definición desde una perspectiva de usuario

Desde esta perspectiva, la calidad implica la capacidad de satisfacer los deseos de las personas dentro de su estilo de vida, esto involucra un equilibrio entre lo objetivo/tangible, ofrecer características beneficiosas y saludables para las personas y su entorno. La calidad de un producto depende de cómo este responda a las preferencias y a las necesidades de los clientes, por lo que se dice que la calidad es adecuación al uso de sí mismo en la actualización de los roles presentados a un consumidor. Por ello, la calidad puede ser vista como un estilo o filosofía de vida en un mundo que está cambiando y evolucionando para desarrollar un lugar mejor donde vivir.

Definición desde una perspectiva de valor

La calidad significa aportar valor al cliente, esto es, ofrecer unas condiciones de uso del producto o servicio superiores a las que el cliente espera recibir, y a un precio accesible. También, la calidad se refiere a minimizar las pérdidas que un producto pueda causar a la sociedad humana, mostrando cierto interés por parte de la empresa a mantener la satisfacción del cliente.

Una visión actual del concepto de calidad indica que esta es entregar al cliente no lo que quiere, sino lo que nunca se había imaginado que quería, y que una vez que lo obtenga, se dé cuenta que era lo que siempre había querido.

3. Normas de calidad aplicadas a la restauración

👉 HILO CONDUCTOR

Desde la gerencia del bar-cafetería Maza, se ha decidido contar con la empresa MdM, especialista en la gestión de calidad hostelera. Su fundamentos están basados en la implantación de la Norma UNE-ISO 9000.

Las normas de calidad se describen como aquellas acciones que hacen que un producto o servicio cumpla con unos determinados requisitos de calidad. Si estos requisitos reflejan completamente las necesidades de los clientes, se podrá decir que se cumple con la calidad determinada.

En las industrias manufactureras se crearon y refinaron métodos modernos de aseguramiento de la calidad. La introducción y adopción de programas de aseguramiento de la calidad en servicios, ha quedado atrás de la manufactura, quizá tanto como una década.

Los administradores de organizaciones de servicio, por costumbre, han supuesto que su servicio es aceptable cuando los clientes no se quejan con frecuencia. Solo en últimas fechas se han dado cuenta que se puede administrar la calidad del servicio como arma competitiva.

La administración general, en las que están los grupos de finanzas y ventas, tiene la responsabilidad general de planificar y ejecutar el programa de aseguramiento de la calidad.

3.1. Gestión interna

Para que la gestión interna de la calidad sea viable, se establecen una serie de normas que recogen las directrices para implantar sistemas de aseguramiento interno. Estas son:

> UNE - EN ISO 9000 Sistemas de la calidad. Normas para la Gestión de la Calidad y el Aseguramiento de la Calidad

Continúa en página siguiente >>

<< Viene de página anterior

> UNE - EN ISO 9004 Gestión de la Calidad y elemento de un Sistema de la Calidad

En la gestión interna, uno de los controles más exhaustivos es la planificación del control en la producción, ya que es donde se definen:

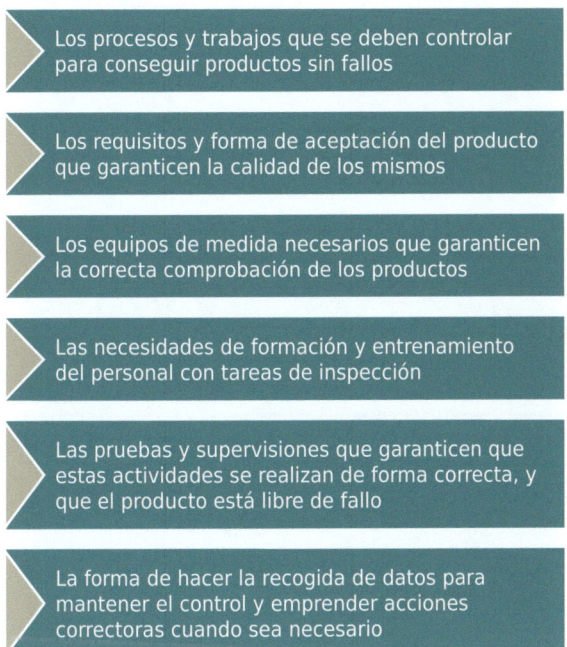

> Los procesos y trabajos que se deben controlar para conseguir productos sin fallos

> Los requisitos y forma de aceptación del producto que garanticen la calidad de los mismos

> Los equipos de medida necesarios que garanticen la correcta comprobación de los productos

> Las necesidades de formación y entrenamiento del personal con tareas de inspección

> Las pruebas y supervisiones que garanticen que estas actividades se realizan de forma correcta, y que el producto está libre de fallo

> La forma de hacer la recogida de datos para mantener el control y emprender acciones correctoras cuando sea necesario

 **DEFINICIÓN**

Calidad concertada

Es un acuerdo establecido entre el comprador y el proveedor, según el cual, se atribuye al proveedor una determinada responsabilidad sobre la calidad de los lotes suministrados, que deben satisfacer unos niveles de calidad previamente convenidos.

- -

3.2. Gestión externa

En este apartado, cabe destacar ante todo el mejoramiento interno; si dentro no se trabaja bien, es imposible que los productos adquiridos por una buena gestión externa lleguen a buen puerto.

Se debe tener un buen programa de *marketing*, que permita dar a conocer y dar valor al producto. Para conseguir tal fin, la gestión externa debe tener un control de los proveedores y unas exigencias legales con los clientes y proveedores establecidos por una llamada **calidad concertada.**

 IMPORTANTE

Cuando se establece una calidad concertada es conveniente establecer una serie de criterios que deberán respetarse mediante un contrato firmado.

4. Certificaciones de calidad en empresas turísticas

👉 **HILO CONDUCTOR**

María del Mar, responsable de auditorías de la empresa MdM, hace entender a los integrantes del bar-cafetería Maza la importancia del cumplimiento de la citada Norma ISO 9000. Además, indica que con la implantación de la ISO, pueden apostar por obtener algún otro sello de calidad o certificación como puede ser la Q de Calidad o la ISO 22000.

Certificar es sinónimo de asegurar o afirmar, y por tanto, implantar un proceso que garantice la certificación de un producto o proceso se convierte en un pilar básico en pro de la confianza del consumidor.

Una certificación, además de permitir mejorar los procesos productivos, incrementa la calidad y disponibilidad de los productos y servicios, facilita una mayor confianza y rentabilidad, manifestando mayores ventajas y, como consecuencia, una mayor competitividad frente al resto.

Es importante destacar que las empresas turísticas no sólo están representadas por establecimientos de restauración, sino que también son aquellas que brindan ofertas complementarias o las agencias de viajes. Por tanto, son destacables las certificaciones expuestas a continuación, así como los procesos que se describen.

4.1. Sellos y certificaciones de calidad asociados a la gestión turística.

Adoptar un sello de calidad o certificación, facilita una mayor aceptación por parte del cliente, así como asegura una gestión eficaz. Por ello, son cada vez más las empresas del ámbito de la restauración que persiguen y optan por este tipo de reconocimientos. A continuación, se describen algunos de los más destacados, como son la Q de Calidad Turística o la ISO 22000.

Q de Calidad Turística

Certificación otorgada por el Instituto para la Calidad Turística Española (ICTE), que pretende asegurar un servicio de calidad, seguridad y profesionalidad, teniendo como principales beneficios los siguientes:

Para el establecimiento
- Fidelización de clientes
- Aumento de clientes
- Optimización de recursos
- Disminución de costes
- Promoción frente a competidores
- Compromiso demostrable

Para el cliente
- Garantiza la calidad ofrecida
- Persigue un servicio excelente para la satisfacción del cliente

ISO 9001

Referida a la gestión de la calidad hacia sus clientes, persigue la mejora continua en la gestión, potenciando un enfoque eficiente, considerándose como la norma de calidad por excelencia. De aplicación en cualquier tipo de organización, su implantación tiene como propósito:

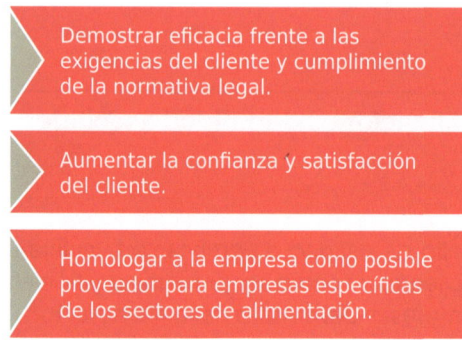

Demostrar eficacia frente a las exigencias del cliente y cumplimiento de la normativa legal.

Aumentar la confianza y satisfacción del cliente.

Homologar a la empresa como posible proveedor para empresas específicas de los sectores de alimentación.

En base a estas premisas se tiene como garantía ventajas competitivas frente a los competidores, así como facilitar una mejora continua convirtiéndose en un motor para la expansión, inspirando confianza y fidelidad tanto ante cliente como entidades, sin olvidar la mejora organizativa interna en todos los niveles.

ISO 22000

Siendo un estándar internacional en el que se plasman todos los requisitos que deben cumplirse a lo largo de toda la cadena alimentaria y por tanto, en los servicios de restauración.

Actualmente el desarrollo y exposición de esta norma se establece bajo una "estructura de alto nivel" en la que se establecen parámetros relacionados con el alcance, el liderazgo, la planificación, etc.

Siendo una norma de carácter voluntario, sus objetivos son:

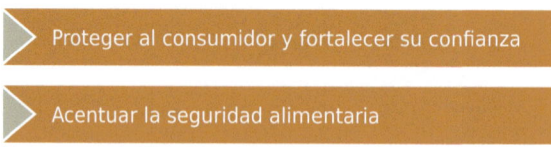

Proteger al consumidor y fortalecer su confianza

Acentuar la seguridad alimentaria

Continúa en página siguiente >>

<< Viene de página anterior

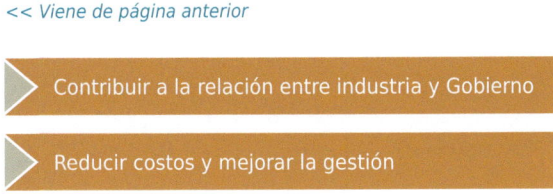

> Contribuir a la relación entre industria y Gobierno

> Reducir costos y mejorar la gestión

 **NOTA**

Las siglas ISO hacen referencia a *International Organization for Standardization* (Organización Internacional de Normalización).

BRC Food Safety

Norma BRC persigue la inocuidad de los alimentos partiendo del enfoque de los principios del sistema APPCC y los estándares marcados por la normativa de la Organización Internacional de Normalización.

No se trata de un estándar obligatorio, pero dicha certificación facilita la distribución en determinados mercados, incluso en la actualidad existen mercados que la exigen.

La estructura de esta norma diferencia cinco partes:

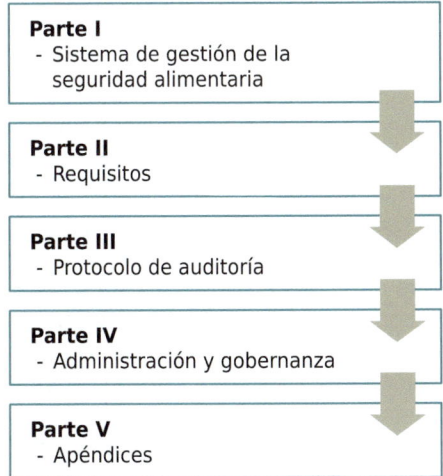

Parte I
- Sistema de gestión de la seguridad alimentaria

Parte II
- Requisitos

Parte III
- Protocolo de auditoría

Parte IV
- Administración y gobernanza

Parte V
- Apéndices

NOTA

Se tiene como requisitos fundamentales de esta norma, los referidos a:

- Trazabilidad
- Limpieza e higiene
- Gestión de alérgenos

UNE-ISO/PAS 5643

Certificación de reconocimiento nacional e internacional (ISO/PAS 5643) por la que se acredita a nivel estatal una serie de protocolos que establecen los requisitos y recomendaciones para prevenir el contagio por coronavirus SARS.CoV-2 en las organizaciones turísticas, asegurando la protección tanto de los turistas y residentes como de los empleados.

Esta norma UNE se desarrolla según los principios establecidos por el ICTE en torno al sello de calidad denominado "SAFE TOURISM CERTIFIED" (certificado de turismo seguro). Este certificado opcional y voluntario certifica la implantación de un sistema de prevención de riesgos para la salud frente a la COVID-19, siendo España pionera en su desarrollo e implantación.

4.2. Aseguramiento de la calidad

Los criterios de calidad se definen como aquella condición que debe cumplir una determinada actividad, actuación o proceso para ser considerada de calidad, es decir, qué se persigue, cuál es el objetivo y qué se pretende teniendo en cuenta aquellas características que mejor representan (siempre que puedan medirse) lo que se desee lograr.

Normalmente, los criterios se confeccionan a partir de la información que se recoge de las encuestas, cualquier otro método de análisis del comportamiento de la clientela, de la competencia, etc. Por lo general, los criterios de calidad parten de la combinación de las necesidades reales y de las demandas de la clientela, con el conocimiento de las ofertas y productos de organizaciones de la competencia y las posibilidades que la organización posee para satisfacer esas necesidades y expectativas, o para procurar en la medida de lo posible y/o aconsejable. Por todo ello, un buen criterio debe reunir los siguientes requisitos:

> Ser explícito, es decir, debe dejar muy claro y sin lugar a dudas a qué se refiere y qué se pretende. Debe estar expresado con claridad y objetividad.

> Aceptado por los diferentes interesados (productores, clientes, etc.), siempre es deseable que todos los implicados acepten el criterio y que se comprometan a alcanzarlo.

> Elaborado de forma participativa, la mejor forma de lograr que sea aceptado es que en su elaboración participe el mayor número de personas posible.

> Comprensible, todos deben entender sin lugar a dudas lo mismo.

> Fácilmente cuantificable, de lo contrario, ¿cómo se va a saber si se alcanza?

> Debe ser flexible, capaz de adaptarse a cambios difícilmente previsibles.

> Aceptable por el cliente, que al fin y al cabo es quién juzgará lo acertado de los criterios de calidad.

La información recopilada a través de cuestionarios efectuados por diferentes medios serán la base para establecer los criterios de calidad.

Gestión de calidad en las compras

Es necesario asegurar la calidad en las compras, para garantizar que los productos o servicios adquiridos cumplan los requisitos necesarios. La mejor manera de garantizar la calidad en productos y servicios es basarse en la responsabilidad del proveedor, para fabricar un buen producto y aportar las pruebas de calidad correspondientes.

 RECUERDA

Para garantizar que los productos adquiridos son de calidad es necesario basarse en la responsabilidad del proveedor.

 APLICACIÓN PRÁCTICA

Dada la repercusión que supone obtener un sello de calidad como es la "Q de calidad", en el bar-cafetería Maza se decide comenzar con el proceso. No obstante, desde gerencia te piden que les informes sobre algunas premisas relacionadas con su implantación y seguimiento. ¿Qué indicaciones darías como ciertas en base a dicha implantación?

Solución

Ten presente que la implantación de un sello de calidad como "Q de Calidad Turística" se asocia tanto con una mayor fidelidad de clientes, la optimización de recursos, la disminución de coste y la promoción frente a competidores. Además, su implantación, justifica un compromiso demostrable, garantizando la calidad ofrecida, persiguiendo un servicio excelente en pro de la satisfacción del cliente.

Gestión de calidad en proveedores

La calidad de los productos o servicios de una organización depende, en una importante medida, de sus proveedores. Para desarrollar nuevos productos y servicios con un alto grado de fiabilidad, es imprescindible que el proveedor colabore desde la fase inicial de desarrollo.

Cada Unidad de Negocios cuenta con una selección de proveedores y procesos de contratación para evaluar e identificar a socios potenciales de abastecimiento. Los proveedores deben ser capaces de cumplir con los objetivos de calidad, entrega, costo y mejora continua.

NOTA

La Unidad de Negocios es el componente básico del conjunto de actividades que componen una empresa.

Los proveedores son responsables de suministrar productos y servicios libres de defectos. Cuando se presente algún problema de calidad, el proveedor deberá determinar la causa de origen y tomar acciones correctivas para resolver el problema y evitar su recurrencia. Los proveedores apoyarán a la empresa con asistencia técnica y apoyo de campo, a fin de rectificar cualquier inconformidad probada. Ante cualquier fallo se puede exigir al proveedor el reembolso de gastos derivados de fallos en el desempeño, relacionados con cuestiones de calidad y entrega.

Los proveedores tienen que ser evaluados para comprobar si cumplen los objetivos de calidad, entrega, costo y mejora continua.

IMPORTANTE

Un proveedor bien estimulado y apoyado por la organización, puede dar una contribución insustituible de ceatividad e innovación tecnológica en nuevos productos y servicios, y además puede trabajar activamente para reducir continuamente los costos.

- -

Gestión de calidad en el diseño y en el producto

Para obtener productos y servicios de calidad, hay que asegurar su calidad desde el momento de su diseño. Un producto o servicio de calidad es el que satisface las necesidades del cliente, por esto, para desarrollar y lanzar un producto de calidad es necesario:

> Conocer las necesidades del cliente

> Diseñar un producto o servicio que cubra esas necesidades

> Realizar el producto o servicio de acuerdo al diseño

> Conseguir realizar el producto o servicio en el mínimo tiempo y al menor coste posible

El diseño de un producto debe estar respaldado por la elaboración de un proyecto, la definición técnica del producto y un control del proceso de diseño. Para evaluar la calidad de un producto se debe estudiar la calidad durante su funcionamiento y el respeto en todo momento de su producción, respetando las exigencias del proyecto.

Gestión de calidad en productos adquiridos

El control de recepción consiste en verificar que los productos o servicios adquiridos tienen la calidad deseada, y cumplen las especificaciones. La verificación es una forma muy sencilla de detectar los productos defectuosos, pero se tiende a la desaparición de esta debido a los inconvenientes que lleva asociados:

Grandes costes que no mejoran la calidad del producto. No aporta un valor añadido al producto producido, por una mala verificación cuando no se posee un modelo o patrón de comparación como normas.

En algunos casos la empresa no cuenta con los sistemas necesarios para inspeccionar ciertas características de los productos.

La inspección del 100 % de los productos recibidos no asegura que todos los productos aprobados estén libres de defectos, es por tal motivo que para grandes lotes se debe realizar muestreos representativos, a veces sugeridos, a veces impuestos.

Hay casos en los que el propio control, cuando se hace parte del proceso de producción, puede provocar defectos. Es importante mantener la distancia e independencia para la verificación.

Gestión de calidad en los servicios

Una de las primeras acciones en la calidad de servicio es averiguar quiénes son los clientes, qué quieren y esperan de la organización. Solo así se podrán orientar los productos y servicios, así como los procesos, hacia la mejor satisfacción de los mismos.

El cliente espera, además del producto o el servicio básico, un conjunto de prestaciones que pueden ser:

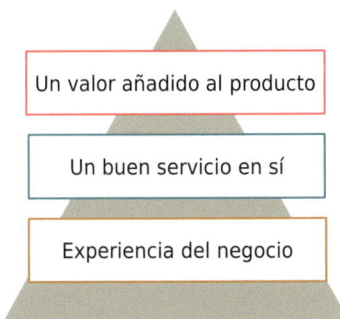

Además, el cliente tiene una serie de necesidades básicas, que habrá que tener en cuenta, para que el cliente se encuentre satisfecho, como son:

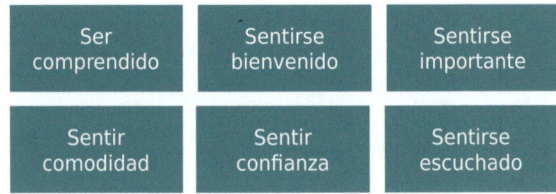

Ser comprendido	Sentirse bienvenido	Sentirse importante
Sentir comodidad	Sentir confianza	Sentirse escuchado

Hay que tener en cuenta a la competencia, ya que cada día son más las industrias hosteleras y restauradoras que se implantan. El producto puede ser bueno, pero el de la competencia puede ser mejor, por eso la calidad humana es muy importante, basándose en conceptos como son el conocimiento de los clientes y la calidad del servicio con respecto a sus competidores.

4.3. Control de calidad

El control de la calidad son todos los mecanismos, acciones y herramientas que se realizan para detectar la presencia de errores. La función del control de calidad, existe primordialmente como una organización de servicio, para conocer las especificaciones establecidas por la ingeniería del producto y proporcionar asistencia al departamento de fabricación, para que la producción alcance estas especificaciones. Como tal, la función consiste en la colección y análisis de grandes cantidades de datos que después se presentan a diferentes departamentos, para iniciar una acción correctiva adecuada.

 **IMPORTANTE**

Todo producto que no cumpla las características mínimas para decir que es correcto, será eliminado, sin poderse corregir los posibles defectos de fabricación, que podrían evitar los costos añadidos y desperdicios de material.

Para controlar la calidad de un producto, se realizan inspecciones o pruebas de muestreo para verificar que las características del mismo sean óptimas. El único inconveniente de estas pruebas es el gasto que conlleva el control de cada producto fabricado, ya que se eliminan los defectuosos, sin posibilidad de reutilizarlo. Esto se lleva a cabo mediante la creación de un sistema de gestión de calidad, por el que se administra un conjunto de normas para formar una ordenada búsqueda de la mejora continua.

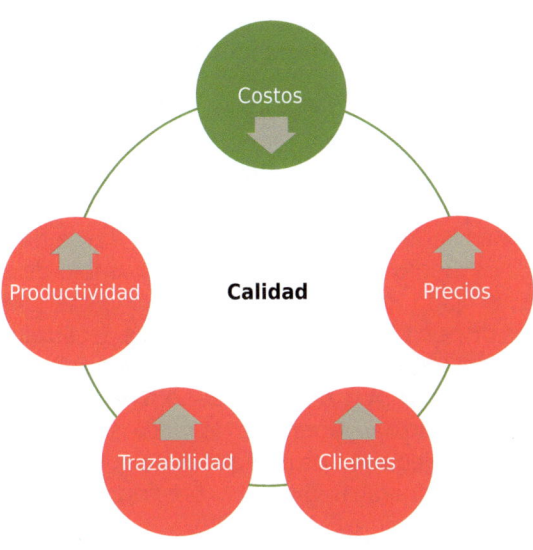

Control de los equipos de inspección, medida y ensayo

Algunas de las actividades necesarias para asegurar un buen control de los equipos de medición y ensayo son:

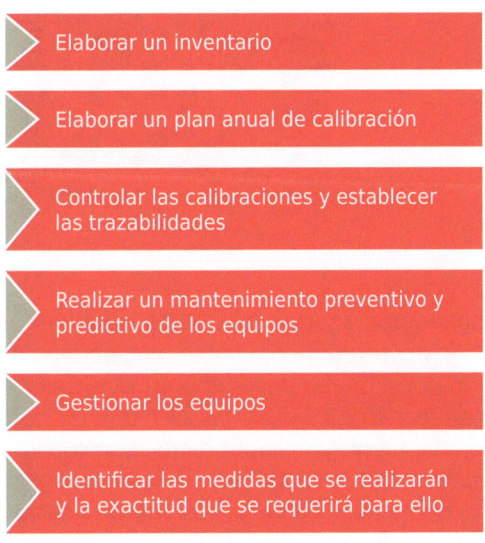

Control de la publicidad

La publicidad es una técnica del *marketing* cuyo objetivo fundamental es crear una imagen de marca, recordar, informar o persuadir al público para mantener o incrementar las ventas de los bienes o servicios ofertados.

La publicidad llega a su público objetivo a través de los medios de comunicación. Los medios de comunicación, a cambio de una contraprestación previamente fijada, ceden al anunciante o a la agencia unidades de tiempo o espacios disponibles, y se comprometen a desarrollar la actividad técnica necesaria para lograr la difusión de la pieza publicitaria. Este compromiso queda plasmado en un contrato denominado contrato de difusión. Las agencias de publicidad, agencias de medios, se ocupan profesionalmente de la creación y ejecución de campañas de publicidad o elementos aislados de estas, por lo general mediante un *briefing*.

Ejemplo de publicidad de un alimento para niños (© Fotografía: ZikG / Shutterstock.com)

En ocasiones, determinados productos adquieren relevancia debido a la publicidad, no necesariamente como consecuencia de una campaña intencionada, sino por el hecho de tener una cobertura periodística relevante. En internet o en tecnologías digitales se habla de publicidad no solicitada al hecho de enviar mensajes electrónicos, como correos electrónicos o mensajes por teléfono móvil, sin haberlo solicitado, por lo general en cantidades masivas. No obstante, internet es un medio habitual para el desarrollo de campañas de publicidad interactiva que no caen en invasión a la privacidad, sino por el contrario, llevan la publicidad tradicional a los nuevos espacios donde se pueda desarrollar.

SABÍAS QUE...

La publicidad hace uso de numerosas disciplinas como la psicología, la sociología, la estadística, la comunicación social, la economía y la antropología.

- -

La publicidad busca la difusión comercial de un bien o servicio y, en ocasiones, se confunde el término publicidad con el de propaganda. Esta última busca la propagación de ideas políticas, sociales, morales y religiosas.

DEFINICIÓN

Briefing

En el sector publicitario y de comunicación pública, en general, un briefing es el documento o la sesión informativa que proporciona información a la agencia de publicidad para que genere una comunicación, anuncio o campaña publicitaria.

- -

Verificación de los productos

La verificación del producto, servicio o proceso hay que considerarlo como una parte integrante del control de producción, pudiendo encontrar tres tipos:

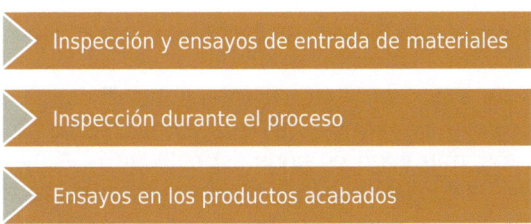

Inspección y ensayos de entrada de materiales

Inspección durante el proceso

Ensayos en los productos acabados

Factores críticos en el control de calidad

La falta de calidad es uno de los principales problemas a los que se enfrentan los responsables de sistemas de información y las empresas en general, ya que constituye uno de los problemas "ocultos" más graves y persistentes en cualquier organización.

El aseguramiento de la calidad lo que pretende es dar confianza para que el producto reúna las características necesarias, y así satisfacer todos los requisitos del Sistema de Información.

Por lo tanto, para que se pueda asegurar la calidad de los productos resultantes, se debe realizar por parte del equipo de calidad, una serie de actividades que servirán para:

> Reducir, eliminar y principalmente prevenir las deficiencias de la calidad de los productos que se quieren obtener.

> Alcanzar una confianza razonable donde las prestaciones y los servicios esperados por el cliente o el usuario queden satisfechas.

Para conseguir estos objetivos, es necesario desarrollar un Plan de aseguramiento de la calidad específico que se aplicará durante la planificación del proyecto de acuerdo a la estrategia de desarrollo adoptada en la gestión del proyecto. En el Plan de aseguramiento de calidad se reflejan las actividades de calidad a realizar, los estándares a aplicar, los productos a revisar, los procedimientos a seguir en la obtención de los distintos productos y la normativa para informar de los defectos detectados a sus responsables y realizar el seguimiento de estos hasta su corrección.

El grupo de aseguramiento de la calidad participa en la revisión de los productos seleccionados para determinar si son o no conformes a los procedimientos, normas o criterios especificados, siendo independiente del equipo de desarrollo. Las actividades a realizar por el grupo de aseguramiento de calidad, vienen gobernadas por el Plan. Sus funciones se encuentran dirigidas a:

> Identificación de las posibles desviaciones en los estándares aplicados, así como en los requisitos y los procedimientos especificados

> Comprobar que se han llevado a cabo las medidas preventivas o correctoras necesarias

Las revisiones son una de las actividades más importantes del aseguramiento de la calidad, debido a que permiten eliminar defectos lo más pronto posible, cuando son menos costosos de corregir. Además, existen procedimientos como las auditorias, las cuales son aplicables en desarrollos singulares. En el transcurso de las auditorias se revisarán tanto las actividades de desarrollo como las propias de aseguramiento de calidad.

RECUERDA

Las revisiones son una de las actividades más importantes dentro del aseguramiento de la calidad, ya que permiten eliminar defectos rápidamente.

- -

TAREA 5

Pese a que en el bar-cafetería Maza se ha apostado por la compra de productos de alta gama y por tanto, de mayor calidad organoléptica, los clientes, no han apreciado el cambio. Si muetran su inconformidad en relación al incremento del precio.

Justifica qué aspecto no se ha tenido presente en torno a los distintos conceptos de calidad y su percepción.

- -

5. Resumen

La calidad es el conjunto de las características de un producto o servicio que cumplen con las expectativas del cliente para el cual fueron diseñados, satisfaciendo sus necesidades y expectativas. También, involucra que la productividad, la rentabilidad y la aceptación en el mercado sean proporcionales al nivel de satisfacción del cliente.

El concepto de calidad se puede definir desde las siguientes perspectivas:

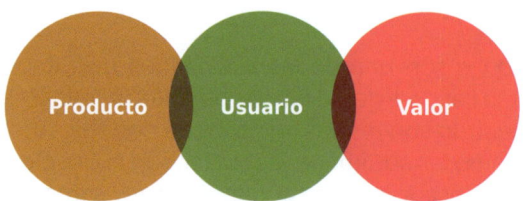

La calidad de los productos o servicios de una organización depende, en una importante medida, de sus proveedores. Para desarrollar nuevos productos y servicios con un alto grado de fiabilidad, es imprescindible que el proveedor colabore desde la fase inicial de desarrollo.

Los métodos de implantación de la calidad deben asegurar que la calidad sea la establecida, aunando este principio con los de reducción de costos, aumento de productividad, técnicas de venta, tipología de clientes y sistemas de trazabilidad.

Hoy día, la calidad está siendo gestionada por empresas privadas o públicas, para así asegurar su implantación y control.

Ejercicios de autoevaluación
Unidad de Aprendizaje 2

1. Indica si las siguientes afirmaciones son verdaderas o falsas.

a. El término de calidad supone un factor estratégico clave del que dependen la mayor parte de las organizaciones.

- ■ Verdadero
- ■ Falso

b. Diferentes clientes pueden tener diferentes conjuntos y niveles de requisitos respecto de una misma categoría de productos o servicios.

- ■ Verdadero
- ■ Falso

2. La calidad...

a. ... significa aportar valor al cliente.
b. ... se refiere a minimizar las pérdidas que un producto pueda causar a la sociedad humana, mostrando cierto interés por parte de la empresa a mantener la satisfacción del cliente.
c. ... se debe definir bajo la perspectiva de producto, usuario y valor.
d. Todas las opciones son correctas.

3. La calidad concertada se define como...

a. ... un acuerdo establecido entre el comprador y el proveedor.
b. ... la máxima calidad de un producto.
c. ... la mínima calidad de un producto facilitada por un determinado proveedor.
d. ... la calidad general de todo producto frente a la compra.

4. Identifica cuál o cuáles de las siguientes premisas son FALSAS en torno a la implantación de la ISO 9001.

    a. Demostrar eficacia frente a las exigencias del cliente, evitando exigencias dadas por la normativa legal.
    b. Permite aumentar la confianza y satisfacción del cliente.
    c. Facilita la homologación de la empresa como posible proveedor para empresas específicas de los sectores de alimentación.
    d. Todas las opciones son incorrectas.

5. La calidad, desde una perspectiva de producto...

    a. ... implica la capacidad de satisfacer los deseos de las personas dentro de su estilo de vida.
    b. ... puede ser vista como un estilo o filosofía de vida del consumidor.
    c. ... se relaciona con la percepción del cliente hacia ese producto, en función del conjunto de características que el consumidor evalúa para él mismo, y del nivel significativo que cada una de ellas tiene para ese cliente.
    d. Todas las opciones son incorrectas.

6. La BRC *Food Safety* tiene como requisitos fundamentales los referidos a:

    a. Trazabilidad
    b. Limpieza e higiene
    c. Gestión de alérgenos
    d. Todas las opciones son correctas.

7. Indica si las siguientes afirmaciones son verdaderas o falsas.

    a. La imposición de un programa de *marketing* adecuado permite conocer y dar valor a un producto.

        ■ Verdadero
        ■ Falso

b. Una certificación permite mejorar los procesos productivos, aunque minimiza la calidad y disponibilidad de los productos y servicios.

- ■ Verdadero
- ■ Falso

8. Un producto de calidad es aquel que...

a. ... cumple con la función para la que fue diseñado.
b. ... satisface las necesidades y expectativas del cliente.
c. ... facilita una mayor rentabilidad, productividad y aceptación.
d. Todas las opciones son correctas.

9. El concepto de calidad enfocado en facilitar al cliente una sensación de satisfacción que le aporta más que lo que había imaginado y siempre había querido, se asocia con una definición de calidad desde una perspectiva de:

a. Usuario
b. Valor
c. Producto
d. Precios

10. La búsqueda de la calidad de un producto o servicio, requiere del control interno de...

a. ... los procesos y trabajos relacionados con su confección.
b. ... los medios o equipos de medida utilizados.
c. ... la toma o recogida de datos para poder imponer acciones correctoras cuando sea necesario.
d. Todas las opciones son correctas.

Prevención y control de los insumos y procesos para tratar de evitar resultados defectuosos

Contenido

1. Introducción
2. Formación de trabajadores
3. Mantenimiento de locales, instalaciones y equipos
4. Limpieza y desinfección
5. Control de plagas
6. Buenas prácticas de elaboración y manipulación
7. Análisis de peligros y puntos críticos de control (APPCC)
8. Resumen

Objetivos

Describir las necesidades de prevención y control asociados a la elaboración de platos combinados y aperitivos para evitar resultados defectuosos.

→ Identificar actividades de prevención y correcta manipulación de alimentos

1. Introducción

En la actualidad, la competitividad es uno de los valores más empleados en las zonas empresariales y la detección anticipada de errores evitará que se propaguen a los siguientes procesos de desarrollo, reduciendo en gran parte el esfuerzo invertido en los mismos. En este sentido, cabe destacar que el establecimiento del Plan de Aseguramiento de la Calidad, comienza con el estudio de la viabilidad del sistema aplicado a lo largo de todo el desarrollo, tanto en los procesos de análisis, diseño, implantación, construcción y aceptación del sistema como en su posterior mantenimiento, proponiendo una solución a corto plazo.

La formación es uno de los pilares en torno a la prevención y el control de la calidad, por lo que su desarrollo se asocia con la implantación de un adecuado mantenimiento de los locales, instalaciones y equipos, haciendo uso de planes específicos como los relacionados con el control de plagas, el plan de limpieza y desinfección, los planes generales de higiene, así como la implantación y seguimiento de un sistema APPCC.

Para una mayor practicidad continuaremos basándonos en los ejemplos o casos acontecidos en el bar-cafetería Maza.

2. Formación de trabajadores

☞ HILO CONDUCTOR

En el día de hoy, los trabajadores del bar-cafetería Maza van a asistir a un curso de formación a fin de actualizar sus conocimientos sobre la correcta manipulación de los alimentos, los correctos procesos para llevar a cabo la limpieza y desinfección del local y maquinaria, así como el seguimiento e implantación del sistema APPCC. Todo ello, considerando además, los protocolos de actuación frente al control de plagas.

- -

Los manipuladores de alimentos deben recibir información continuada en higiene alimentaria. Esta formación tiene que estar adaptada a la actividad laboral de la empresa y, dentro de la empresa, debe ser una formación específica para cada manipulador. Además, debe garantizar un nivel de conocimiento adecuado, para que se lleven a cabo unas buenas prácticas de higiene en la manipulación de los alimentos.

Estos programas de formación los puede impartir la propia empresa, la autoridad competente (sanidad pública) o una empresa autorizada por una autoridad competente. Todos estos programas tienen que estar documentos, debiendo aparecer:

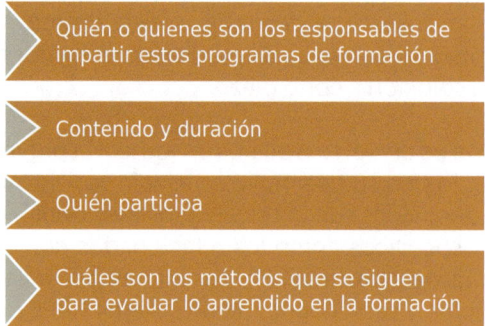

Quién o quienes son los responsables de impartir estos programas de formación

Contenido y duración

Quién participa

Cuáles son los métodos que se siguen para evaluar lo aprendido en la formación

A su vez, la formación de los manipuladores deberán perseguir los siguientes principios:

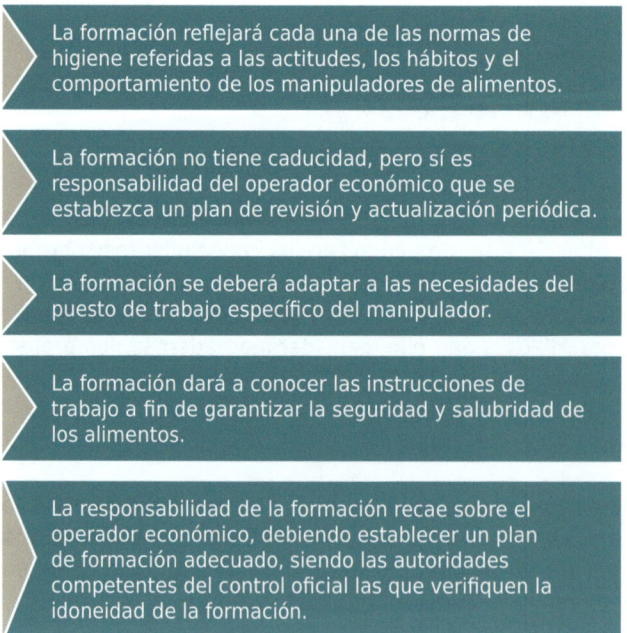

La formación reflejará cada una de las normas de higiene referidas a las actitudes, los hábitos y el comportamiento de los manipuladores de alimentos.

La formación no tiene caducidad, pero sí es responsabilidad del operador económico que se establezca un plan de revisión y actualización periódica.

La formación se deberá adaptar a las necesidades del puesto de trabajo específico del manipulador.

La formación dará a conocer las instrucciones de trabajo a fin de garantizar la seguridad y salubridad de los alimentos.

La responsabilidad de la formación recae sobre el operador económico, debiendo establecer un plan de formación adecuado, siendo las autoridades competentes del control oficial las que verifiquen la idoneidad de la formación.

ACTIVIDAD COMPLEMENTARIA

4. La formación de los manipuladores de alimentos debe ser una prioridad a fin de contribuir con el aseguramiento de la calidad y evitar la contaminación de los alimentos. La importancia asociada a esta formación hace que exista normativa específica al respecto, que regula tanto el tipo de formación, como su alcance y responsabilidades.

   Busca información sobre la normativa vigente que describe este tipo de formación.

3. Mantenimiento de locales, instalaciones y equipos

 HILO CONDUCTOR

El volumen de trabajo ha propiciado que en el bar-cafetería Maza se haya descuidado el mantenimiento preventivo de su maquinaria, lo que ha sido un gran error. De hecho, en el día de hoy se ha visto como la cortafiambres se ha estropeado, al igual que se ha comprobado que el proceso de corte y racionado de alimentos es más irregular.

El mantenimiento de locales, instalaciones y equipos debe ser descrito de forma específica a fin de garantizar el correcto funcionamiento y limpieza/desinfección, a fin de evitar cualquier peligro de contaminación y facilitar la ejecución de los procesos.

En el momento de elaborar este plan, se debe tener en cuenta los diferentes tipos de mantenimiento que hay que realizar, diferenciando entre:

Mantenimiento preventivo	Mantenimiento correctivo
- Actuaciones dirigidas a evitar averías y deterioro en las instalaciones, equipos y utensilios. Permite detectar fallos repetitivos, disminuir los puntos muertos por paradas, aumentar la vida útil de equipos, disminuir costos de reparaciones, detectar puntos débiles en la instalación, entre una larga lista de ventajas.	- Este mantenimiento agrupa las acciones a realizar ante un funcionamiento incorrecto, deficiente o incompleto que, por su naturaleza, no pueden planificarse en el tiempo. - Actuaciones practicadas para poder mantener las instalaciones, los equipos y los utensilios, en servicio, así como también para mejorar su funcionamiento. - En el proceso de ejecución, se incluye una descripción de las instalaciones, los equipos y los utensilios sobre los que se va a llevar a cabo el mantenimiento, así como la explicación de las actuaciones a efectuar.

4. Limpieza y desinfección

 HILO CONDUCTOR

Durante la auditoría llevada a cabo por María del Mar en el bar-cafetería Maza, se ha detectado que en el proceso de limpieza de las superficies no se aplica de forma generalizada una prelimpieza, usando directamente el detergente lo que minimiza su efecto desincrustante, así como retarda el proceso.

La limpieza y desinfección se llevará a cabo ateniendo a las pautas establecidas en el Programa L+D, ideado en base a las necesidades del establecimiento, así, como desarrollo de la actividad.

Tanto la limpieza como la desinfección hay que llevarlas a cabo lo antes posible una vez terminado el proceso productivo, diferenciando entre:

Etapa de preparación
- Consistente en la preparación de las zonas que se vayan a limpiar desenchufando los equipos, protegiendo los cuadros eléctricos y desmontando los equipos que lo requieran.

Etapa de prelimpieza
- Proceso por el que se elimina la suciedad más grosera. Se lleva a cabo mediante chorros de agua a baja o media presión, a una temperatura de 40-50 ºC. Nunca se lleva a cabo un barrido en seco.

Aplicación del detergente
- En función del tipo de suciedad se utilizarán elementos como estropajos, fregonas, cepillos o equipos específicos, que van a aplicar el detergente a alta o baja presión.

Aclarado
- Proceso por el que se elimina el detergente aplicado. Se hará con chorros de agua.

Aplicación del desinfectante
- Consiste en la adición de desinfectante a las superficies una vez retirado el detergente. Esto permitirá que ejerza su acción, pudiendo ser o no previamente diluido, así como tener presente el tiempo de acción.

Aclarado final y secado
- Tras la acción del desinfectante, este debe ser retirado, siendo necesaria la aplicación de un aclarado final, así como secado.

4.1. Programa L+D

El desarrollo del proceso de limpieza y desinfección debe estará reflejado bajo un programa específico, denominándose "Programa L+D" y en el que se debe reflejar, quién y cómo se desarrolla:

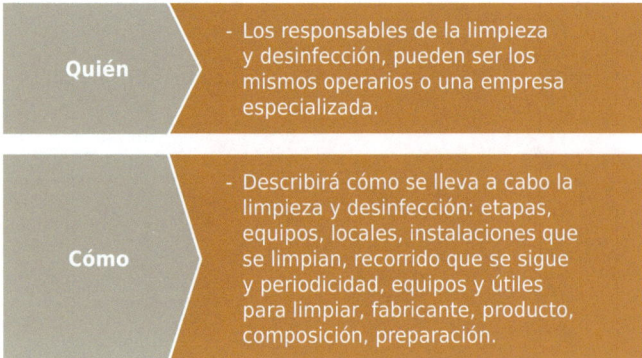

Además, las empresas del sector alimentario deben garantizar una correcta limpieza y desinfección de instalaciones, equipos y utensilios, por lo que deben elaborar un plan en el que, dentro del procedimiento de ejecución, se detalla lo siguiente:

- Delimitación de zonas según el grado de suciedad y el peligro de contaminación existente. En la práctica, lo más aconsejable es adjuntar el plano de las instalaciones, donde se delimiten las zonas diferenciadas por colores.
- Tipo de suciedad, que dependerá de la actividad de la empresa. No se limpia igual la grasa, que la sangre, que los desperdicios ricos en proteínas.
- Tiempo y frecuencia que se necesitará para realizar las actividades de limpieza y desinfección.
- Indicar quiénes realizan las operaciones de limpieza y desinfección (responsables).
- Clasificación de los utensilios y los equipos utilizados para la manipulación de alimentos, según la suciedad y el peligro de contaminación.
- Describir cómo se limpian y desinfectan las superficies que tienen un contacto directo con alimentos (líneas de producción, ollas, cortadoras, tablas, etc.).
- Descripción de los útiles y los aparatos utilizados en las operaciones de limpieza y desinfección.
- Marcar una periodicidad para todas estas actividades.
- Indicar dónde se almacenan los productos de limpieza y desinfección.
- Indicar el método de vigilancia y verificación de la eficacia del protocolo de limpieza y desinfección y los responsables de llevarlas a cabo.
- Registros fechados a cumplimentar al finalizar las tareas de limpieza y desinfección planificadas. En ellos deberán firmar los responsables de la realización de tales actividades, dejando constancia del cumplimiento del plan.
- Registros de vigilancia y verificación. Hay empresas en las que la vigilancia es visual y comprueban in situ la limpieza de las superficies y deciden que la evidencia de que se ha llevado a cabo tal acción, es que el responsable de la vigilancia firme en el mismo registro que han rellenado

los limpiadores en una casilla habilitada para tal fin. En el caso de los registros de verificación, habitualmente se guardan los registros de las analíticas microbiológicas realizadas sobre muestras tomadas de las superficies una vez limpiadas y desinfectadas.

➲ Descripción de los productos empleados, como fichas técnicas, dosis, recomendaciones de uso, etc.

➲ Detalles mínimos de los métodos de limpieza y desinfección a realizar.

➲ Registro de acciones correctoras tomadas cuando se detectan desviaciones de este plan.

RECUERDA

El tipo de limpieza a emplear se verá condicionado por el tipo de suciedad y las características de la superficie donde se lleve a cabo el proceso.

NOTA

Debe existir un registro que indique las operaciones adecuadas de limpieza y desinfección.

ACTIVIDAD COMPLEMENTARIA

5. Imponer una correcta limpieza y desinfección de las superficies destinadas a la manipulación alimentaria requiere conocer tanto los productos como la técnica a llevar a cabo.

   Busca información sobre productos y su adecuación ante la necesidad de imponer una correcta limpieza y desinfección.

5. Control de plagas

 HILO CONDUCTOR

El bar-cafetería Maza es consciente de la importancia de contar con un sistema que asegure el control de plagas. Por ello cuenta con el servicio preventivo de una empresa especializada, aplicando de forma segura un tratamiento sobre insectos y roedores.

Las plagas en las industrias alimentarias se producen por especies de cuatro clases zoológicas: insectos, arácnidos, aves y mamíferos. Al mismo tiempo, es importante indicar que las plagas pueden presentar variantes en torno a su durabilidad, diferenciando entre permanentes u ocasiones, requiriendo diferente trato.

5.1. Medidas de control de plagas

Las medidas para el control de plagas diferencian entre medidas preventivas y medidas de erradicación, siendo además propias según el tipo de plaga a tratar.

Medidas preventivas

Son todas aquellas medidas que se pueden tomar para evitar que alguna de estas plagas entre en las instalaciones. Van a ser medidas comunes para todos los agentes infectantes, independientemente de la clase zoológica a la que pertenecen.

😀 CONSEJO

Los alimentos, envases y embalajes nunca deben estar en contacto directo con el suelo, debido a su posible contaminación.

Medidas de erradicación

Son las medidas que se toman cuando alguna de las plagas ha sido capaz de rebasar las medidas preventivas. Estas medidas deben regirse por los siguientes criterios:

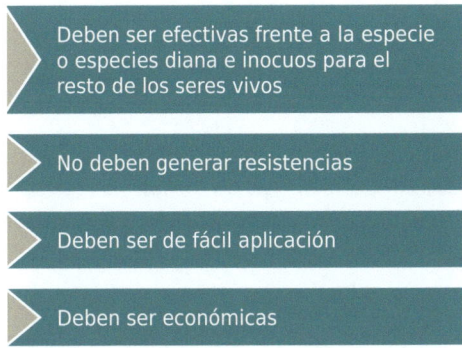

Deben ser efectivas frente a la especie o especies diana e inocuos para el resto de los seres vivos

No deben generar resistencias

Deben ser de fácil aplicación

Deben ser económicas

Lo primero que se debe hacer en estos casos es realizar una inspección previa de las instalaciones, para identificar correctamente cuáles son los agentes infectantes, localizar las posibles vías de entrada y refugios, conocer las características de los locales por si afectan a los posibles tratamientos y evaluar los riesgos de dichos tratamientos para las personas, los animales y los alimentos.

Una vez eliminados, se deben tomar las medidas necesarias para evitar una nueva entrada. Lo ideal para la aplicación en estas medidas es que se contrate con servicios de empresas especializadas (empresas controladoras de plagas), para que revisen las instalaciones con cierta periodicidad.

5.2. Programa de control de plagas: desinsectación y desratización

Existe una variedad muy grande de métodos de aplicación de técnicas de desinsectación. Todos ellos varían de acuerdo con el tamaño de la zona a tratar, el grado de dificultad de acceso a esa zona, la característica de la plaga a tratar, los productos a utilizar, etc. Entre los más importantes están el pincelado, el espolvoreo, la pulverización, la nebulización y la utilización de cebos.

 **DEFINICIÓN**

Desinsectación
Procedimiento que utiliza ciertas técnicas y métodos que permitirán lograr la prevención y el control de las plagas de insectos que acosan los hogares, los campos o un hábitat determinado.

Todo procedimiento de control de plagas debe recoger una descripción de las medidas de control que se toman. En el caso de realizar algún tratamiento con insecticidas o rodenticidas, se debe indicar:

- Cómo se realiza

- Su periodicidad

- Debe quedar reflejado en un plano dónde están los cebos (trampas o productos químicos)

- Cuáles son los productos que se utilizan, debiendo tener una ficha técnica de los mismos

Además, todo programa de control de plagas debe recoger la autorización sanitaria asociada a la empresa de aplicación, el registro de los tratamientos que se realizan, así como las incidencias y medidas correctoras correspondientes.

En cuanto a la desratización, se puede decir que tiene por objeto la eliminación de ratas y ratones de un determinado ambiente. Puede ser concebida desde dos aspectos diferentes:

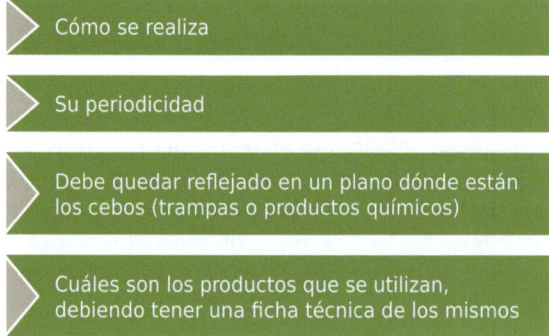

Desratización pasiva
- Definida como la técnica defensiva que impide que los roedores penetren, vivan y proliferen en los locales o instalaciones. Se orienta a la modificación de las condiciones ambientales, con objeto de prevenir y limitar la expansión de dichas especies.

Continúa en página siguiente >>

<< Viene de página anterior

Desratización activa	- Integrada por métodos ofensivos, físicos, químicos y biológicos, cuyo objetivo es el control de las poblaciones de ratas y ratones.

6. Buenas prácticas de elaboración y manipulación

 HILO CONDUCTOR

En el bar-cafetería Maza, se cuenta con un registro documental preciso, en el que se lleva a cabo un control exhaustivo de los dispositivos de refrigeración, la rotación de *stock*, la temperatura de servicio y elaboración, etc. Con ello, además de cumplir con las necesidades de registro indicadas por normativa, se mantiene un control preciso de las materias primas y los productos elaborados, minimizando el riesgo de contaminación.

Una incorrecta manipulación del alimento puede convertir a este en un producto potencialmente peligroso para la salud.

Las etapas por las que atraviesa un alimento desde su producción primaria hasta su consumo final forman la denominada Cadena Alimentaria. En cada una de sus fases o pasos existe la posibilidad de que este alimento se contamine, si no se guardan las oportunas medidas preventivas. No hay unas etapas más importantes que otras, todas son igualmente trascendentales y en cada una de ellas se deben hacer las cosas bien.

Durante la recepción, transformación, emplatado o almacenado y servicio se deberán respetar los principios correctos de manipulación asegurando la calidad alimentaria del producto o elaboración.

6.1. Procesos adecuados de elaboración y manipulación

En los servicios de restauración (elaboración de platos combinado y aperitivos) el manipulador de alimentos se ve implicado en las actividades de preparación, fabricación, transformación, elaboración, envasado, almacenamiento, transporte, distribución, venta, suministro y servicio de productos, lo que implica por un lado, tener un amplio conocimiento de las características organolépticas del producto y por otro, de los tratamientos a los que debe someter a los productos durante su actividad.

La actividad de restauración implica la manipulación de productos no perecederos, semiperecederos y perecederos, durante toda la actividad, reconociéndose como principales puntos los procesos de recepción de mercancía, almacenamiento, transformación y servicio.

Recepción de mercancía

Durante la recepción de mercancías se deberá comprobar el estado de limpieza del medio de transporte, así como el estado general de la mercancía incluyendo temperatura, estado del embalaje, fecha de caducidad, cantidad y calidad, diferenciando entre las características propias de cada producto según su naturaleza (perecedero, no perecedero y semiperecedero).

Almacenamiento

Comprobada la calidad de los productos recepcionados, se deberá proceder de forma inmediata a su almacenamiento, evitando en todo momento la contaminación cruzada de los productos a almacenar, así como la rotura de la cadena de frío. Al mismo tiempo, se deberá recurrir a los registros de trazabilidad y almacenamiento, llevando a cabo una rotación de los productos almacenados (rotación de *stock*).

 **NOTA**

El almacenamiento deberá imponer un estocaje máximo, mínimo y de seguridad, permitiendo la máxima rotación del producto y con ello su máximo aprovechamiento y rentabilidad.

Transformación

El proceso de transformación deberá llevarse a cabo atendiendo a las características del producto y a las necesidades de elaboración, debiéndose respetar las temperaturas y tiempos de cocción, técnicas de racionado y cocinado, etc., siendo fundamental llevar a cabo un correcto aprovechamiento de la materia prima, así como una correcta eliminación de residuos, evitando al mismo tiempo la contaminación cruzada durante todo el proceso.

En esta fase además será fundamental considerar la temperatura de seguridad, estableciéndose para el servicio de elaboraciones calientes la superior a 70 °C y en elaboraciones frías a 4 °C. Además, durante los procesos de cocción, será fundamental el uso del abatidor de temperaturas.

 IMPORTANTE

El uso del abatidor de temperatura minimiza el tiempo de máxima actividad bacteriana en los alimentos y por tanto propicia la reducción de peligro de contaminación.

Servicio

El servicio deberá asegurar la integridad del producto elaborado, respetando los tiempos y características del producto a servir. Así, ante posibles regeneraciones de elaboraciones servidas calientes, no se deberán sobrepasar las dos horas de regeneración, así como asegurar en todo momento temperaturas superiores a los 70 °C, evitando la proliferación de microorganismos.

NOTA

Para contribuir al aseguramiento de calidad de los alimentos, hay que tener presente que todo producto o elaboración culinaria servida en frio tendrá que presentar una temperatura en torno a los 4 °C.

- -

TAREA 6

El gerente del bar-cafetería Maza reconoce la importancia en torno a la prevención y correcta manipulación de alimentos, por lo que organiza anualmente un programa de formación. ¿Qué parámetros y conceptos deberán incluirse en dicha formación para considerarse adecuada?

Justifica tu respuesta.

- -

7. Análisis de peligros y puntos críticos de control (APPCC)

 HILO CONDUCTOR

La implantación y seguimiento del sistema APPCC en el bar-cafetería Maza, permite evaluar los procesos de elaboración de cada uno de los platos y

Continúa en página siguiente >>

<< Viene de página anterior

elaboraciones realizadas, minimizando las mermas, así como obteniendo una mayor calidad en el producto final generado.

Para estar seguros de que un producto o productos son seguros y adecuados, es necesario analizar el 100 % de los productos elaborados para lo que se requiere establecer un sistema preventivo, dando como resultado el denominado sistema APPCC, siendo un sistema que planifica cómo evitar y controlar la aparición de problemas, identificando medidas preventivas que eviten los peligros a lo largo de todo el sistema productivo.

Asociados a la implantación de este sistema, se tienen los siguientes beneficios:

> Ayuda a elaborar alimentos seguros.

> Centra sus recursos en controlar unos puntos críticos específicos en los que pueden originarse los problemas.

> Asegurar el mismo sabor, color, olor y nutrientes.

> Favorecer el comercio internacional al aumentar la confianza en la inocuidad de los alimentos.

> Se pueden identificar productos no aptos, productos no conformes, antes de que estos productos lleguen a convertirse en producto final. Implica una disminución en el coste, no en la calidad.

> Se garantiza que son las personas adecuadas con los conocimientos adecuados las que van a tomar las decisiones.

> Todos los registros llevados a cabo en el proceso productivo servirán de prueba en caso de litigio por no estar elaborando productos seguros.

7.1. Principios del APPCC

Los principios del sistema APPCC son siete, desarrollándose de forma ordenada tal y como se describe a continuación:

Principio 1
- Detectar cualquier peligro que pueda evitarse o reducirse a niveles aceptables.

Principio 2
- Detectar los puntos de control crítico en la fase o fases en las que el control sea esencial para evitar o eliminar un peligro o reducirlo a niveles aceptables.

Principio 3
- Establecer los límites de control crítico, límites críticos que diferencien la aceptabilidad de la inaceptabilidad para la prevención, eliminación o reducción de los peligros.

Principio 4
- Establecer y aplicar los procedimientos de vigilancia para cada punto de control crítico.

Principio 5
- Establecer medidas correctivas cuando la vigilancia indique que un punto de control crítico no está conectado.

Principio 6
- Establecer procedimientos que se aplican regularmente para verificar que el sistema APPCC funciona correctamente.

Principio 7
- Establecer un sistema de documentación eficaz sobre todos los procedimientos y registros relacionados con análisis de registros y su documentación.

7.2. Diseño de un plan de APPCC

El plan de APPCC, junto con sus requisitos previos, son un conjunto de documentos en los que se establecen unas prácticas específicas, unos recursos y una secuencia de actividades que garanticen, por un sistema de prevención, la seguridad de los productos alimenticios. Por esto, es necesario crear unos documentos que describan el plan, un sistema de registros para demostrar su aplicación y efectividad y un sistema de archivo de documentos y registros.

Una vez definidos todos los requisitos básicos, llega la fase de implantación, que no es más que llevar a efecto todos estos planes que se han definido, en función de la actividad que se desarrolle. Esto va a suponer que se lleva a efecto lo establecido en la documentación y además es efectivo, es decir, que garantizan alimentos seguros y se puede demostrar. Igualmente, supone que todas las modificaciones o incorporaciones de aspectos relacionados con el plan de APPCC que tienen lugar con el paso del tiempo han sido convenientemente actualizadas. Para ello, es necesaria la implicación de todos los trabajadores con una persona o equipo responsable de la implantación.

Existen guías para la implantación de sistemas APPCC en la industria alimentaria.

Las directrices generales para la aplicación del sistema APPCC son las siguientes.

Formación de un equipo de APPCC

No debe estar desarrollado por una única persona, sino por un equipo multidisciplinar. Personas expertas que tendrán los conocimientos específicos y la competencia técnica adecuada en relación con el proceso productivo y el producto que se está elaborando.

Debe existir un documento donde se especifique quiénes son esas personas, el sistema, el porqué de ese sistema y los beneficios que se obtienen con su implantación.

Descripción del producto

Hay que describir cada uno de los productos, indicando su denominación, composición, estructura, tratamiento requerido, tipo de envasado, uso previsto...

Elaboración diagrama de flujo

Se realizará un esquema a fin de reflejar todas las fases del proceso productivo, incluyendo además la descripción de cada una de las fases:

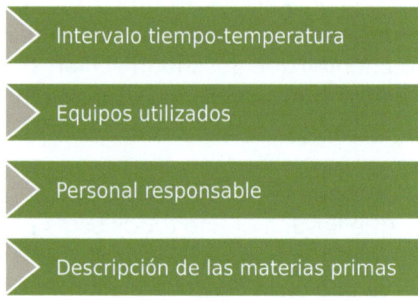

- Intervalo tiempo-temperatura
- Equipos utilizados
- Personal responsable
- Descripción de las materias primas

Verificación práctica del diagrama de flujo

Se debe llevar a cabo una verificación práctica del proceso productivo, contando para ello con todo el equipo.

Enumeración posibles peligros relacionados con cada fase

El equipo enumerará todos los posibles peligros que se prevean que puedan estar asociados a alguna de las fases del proceso productivo. Siendo este proceso rvisado siempre que haya un cambio en el proceso productivo.

Estudio de las medidas preventivas necesarias para controlar los peligros

También se les llama medidas de control. Estas medidas son las acciones, actividades que se pueden aplicar tanto para eliminar como para reducir a niveles aceptables cada uno de los peligros. Un peligro puede ser que necesite más de una medida preventiva y al revés. En caso de que las medidas sean unas buenas prácticas higiénicas, de fabricación, de almacenamiento, o la homologación de proveedores, hay que detallar qué implica.

Determinar los Puntos de Control Críticos (PCC)

Determinar el punto, fase o procedimiento del proceso productivo en el cual se puede ejercer un control, gracias al cual se puede reducir a niveles aceptables, prevenir o eliminar el peligro relacionado. No todos los controles aplicados a una empresa son PCC, ya que algunos se pueden aplicar pero no están relacionados con la seguridad del producto, por lo que se deben encontrar fuera del sistema APPCC.

Establecimiento de límites críticos para cada Punto de Control Crítico (PCC)

Una vez establecidos los PCC, hay que ver cómo controlarlos. Hay que establecer un límite para cada una de las medidas preventivas, de manera que aquellos PCC que tengan más de una medida preventiva, necesitan más de un límite. Estos límites deben ser valores lo más específicos posible y, siempre que se pueda, parámetros fácilmente observables o mesurables. Estos parámetros son la temperatura, el tiempo, el pH... Siempre van a ser fisicoquímicos, no microbiológicos. Cuando estos límites sean valoraciones más subjetivas, como unas adecuadas características organolépticas, hay que dejar claro cuáles son estas características. A la hora de establecer los límites críticos, pueden estar justificados por la legislación correspondiente, por estudios científicos o por la experiencia del sector al que pertenece la empresa o por la propia empresa. Hay que especificar si realmente con exceder uno de esos límites críticos, estaría uno de esos PCC fuera de control, o se deben superar uno de esos 2 o 3 puntos establecidos. Para que no haya error, se debe indicar únicamente el límite crítico en el cuadro de gestión.

Determinar los Puntos de Control Críticos (PCC)

Determinar el punto, fase o procedimiento del proceso productivo en el cual se puede ejercer un control, gracias al cual se puede reducir a niveles aceptables, prevenir o eliminar el peligro relacionado. No todos los controles aplicados a una empresa son PCC, ya que algunos se pueden aplicar pero no están relacionados con la seguridad del producto, por lo que se deben encontrar fuera del sistema APPCC.

Establecimiento de límites críticos para cada Punto de Control Crítico (PCC)

Una vez establecidos los PCC, hay que ver cómo controlarlos. Hay que establecer un límite para cada una de las medidas preventivas, de manera que aquellos PCC que tengan más de una medida preventiva, necesitan más de un límite. Estos límites deben ser valores lo más específicos posible y, siempre que se pueda, parámetros fácilmente observables o mesurables. Estos parámetros son la temperatura, el tiempo, el pH... Siempre van a ser fisicoquímicos, no microbiológicos. Cuando estos límites sean valoraciones más subjetivas, como unas adecuadas características organolépticas, hay que dejar claro cuáles son estas características. A la hora de establecer los límites críticos, pueden estar justificados por la legislación correspondiente, por estudios científicos o por la experiencia del sector al que pertenece la empresa o por la propia empresa. Hay que especificar si realmente con exceder uno de esos límites críticos, estaría uno de esos PCC fuera de control, o se deben superar uno de esos 2 o 3 puntos establecidos. Para que no haya error, se debe indicar únicamente el límite crítico en el cuadro de gestión.

Establecimiento de un sistema de vigilancia para los Puntos de Control Críticos (PCC)

La vigilancia es el conjunto de mediciones y observaciones que se deben realizar para poder evaluar si los puntos de control crítico están bajo control. Se evaluará si se ha superado o no el límite establecido. Este sistema de vigilancia debe ser capaz de detectar la pérdida de control de un PCC lo más rápidamente posible, para que dé tiempo a establecer una medida correctora que impida que se llegue a producir esa pérdida de control.

Establecimiento de medidas correctivas

Se debe hacer cuando, al llevar a cabo esta vigilancia, hay una tendencia a que se pierda el control de un determinado PCC, o bien que el PCC está fuera de control. Estas medidas deben ser específicas para cada PCC, deben asegurar que el PCC vuelve a estar bajo control, deben indicar qué hacen con el producto afectado e indicar quiénes son las personas autorizadas a aplicar estas medidas correctivas.

Establecimiento de un procedimiento de verificación

Demostrar que realmente está implantado y funcionando adecuadamente el sistema APPCC, que se revise y se verifique antes de ponerlo en práctica. La comprobación de este sistema también se llama auditoría. Puede ser llevado a cabo por personal de la empresa o de otras.

Establecimiento de un sistema de gestión documental

Implica que todos estos documentos estén ordenados, al igual que los registros, para saber todo el recorrido de cada lote. Habría que indicar quién es la persona responsable, cuál es el sistema utilizado (papel, sistema informático...) que se aplica, durante cuánto tiempo se deben guardar los registros y saber la trazabilidad de un producto.

ACTIVIDAD COMPLEMENTARIA

6. En el proceso de aseguramiento de la calidad se hace fundamental la implantación de planes como los dirigidos a la detección de puntos de control críticos, la imposición correcta en torno al control de plagas o el sistema empleado en relación a la limpieza e higiene de los locales, equipos y útiles. En el caso de los platos combinados y aperitivos esta acción está relacionada de forma destacada con los establecimientos de hostelería y formando parte de las denominadas Guías de Prácticas Correctas de Higiene, generadas por la administración.

Busca información sobre dichas guías referidas a los servicios de restauración.

 TAREA 7

Para contribuir con el aseguramiento de calidad e higiene en torno al servicio prestado en el bar-restaurante Maza se decide implantar un sistema o plan. Como precursor de la iniciativa, plantea qué sistema o sistemas pondrá en valor y propondrá para su implantación.

Justifica tu respuesta.

----

8. Resumen

La calidad se debe poner siempre en valor y no depende solo de un individuo o mecanismo, sino del conjunto de medios para obtener el objetivo buscado.

Obtener un producto o servicio de calidad requiere de su estudio previo que asociado a los insumos y procesos trata de evitar resultados defectuosos.

La formación del personal implicado en los procesos es uno de los pilares fundamentales a tener presentes, no obstante no es el único, siendo importante destacar la implantación de planes específicos como son:

Control de plagas
- Teniendo presente las medidas preventivas y de erradicación, métodos activos y pasivos, etc.

Plan L+D
- En el que se describa quién y cómo se lleva a cabo el proceso.

Sistema APPCC
- Conociendo las pautas de implantación y beneficios de su seguimiento PGH (Planes Generales de Higiene). En el que se recoja la metodología a llevar a cabo, uso de productos, frecuencia, etc.

Cada uno de estos planes requiere de conocimientos precisos, por lo que se hace fundamental contar con un equipo de seguimiento e implantación.

Ejercicios de autoevaluación
Unidad de Aprendizaje 3

1. **El mantenimiento preventivo de locales, instalaciones y equipos, se relaciona con...**

   a. ... la aplicación de actuaciones dirigidas a evitar averías y deterioros, disminuyendo costos de reparaciones, aumentar la vida útil de equipos.
   b. ... la sustitución de los equipos deteriorados que aún funcionan.
   c. ... la reparación de los elementos que no funcionan adecuadamente.
   d. Todas las opciones son correctas.

2. **¿Qué se pretende obtener con la aplicación de la etapa de prelimpieza de una superficie?**

   a. Una superficie totalmente desinfectada.
   b. Una superficie libre de la suciedad más grosera, facilitando el proceso de aplicación de detergente posterior.
   c. Un ahorro de insumos, ya que este proceso evita la necesidad de uso de detergentes y desinfectantes.
   d. Priorizar el uso de agua caliente frente a las necesidades de aplicación de desinfectantes.

3. **¿Qué datos deberá aportar, entre otros, un programa de L+D?**

   a. Delimitación de zonas según el grado de suciedad y el peligro de contaminación existente.
   b. Tipo de limpieza según suciedad existente.
   c. Descripción de útiles y aparatos necesarios en las operaciones de limpieza y desinfección
   d. Todas las opciones son correctas.

4. **Indica cuál de las siguientes afirmaciones es correcta.**

   a. Todas las plagas son tratadas y erradicadas con la implantación y seguimiento de los mismos métodos.
   b. Las medidas de erradicación deben ser impuestas previas a las medidas preventivas.

    c. La desratización pasiva se asocia al uso de métodos ofensivos, físicos, químicos y biológicos.
    d. Todas las opciones son incorrectas.

5. La regeneración de un producto servido en caliente debe presentar al menos una temperatura de:

    a. 60 ºC
    b. 70 ºC
    c. 80 ºC
    d. 90 ºC

6. Para obtener productos y servicios de calidad, es necesario:

    a. Conocer las necesidades del cliente.
    b. Diseñar un producto o servicio que cubra dichas necesidades.
    c. Realizar el producto o servicio de acuerdo al diseño.
    d. Todas las opciones son correctas.

7. Los efectos de la calidad de un producto deben perseguir...

    a. ... aumento de costos.
    b. ... aumento de la productividad.
    c. ... la disminución de precios ofertados.
    d. ... eliminar la trazabilidad.

8. La verificación de los productos requiere...

    a. ... inspeccionar el proceso de entrada de materiales.
    b. ... inspeccionar todo el proceso.
    c. ... inspeccionar ensayos en los productos acabados.
    d. Todas las opciones son correctas.

9. En cuanto a la formación asociada al manipulador de alimentos...

    a. ... debe facilitar información sobre las instrucciones de trabajo a fin de garantizar la seguridad y salubridad de los alimentos.
    b. ... será general para todo manipulador.
    c. ... debe tener una duración mínima de dos horas.
    d. ... no requiere revisión, ni actualización periódica.

10. Las medidas de erradicación asociadas al control de plagas,...

    a. ... deben ser efectivas frente a cualquier especie.

    b. ... deben presentar una aplicación compleja.

    c. ... deben ser inocuas para las especies o seres vivos a las que no se refieran.

    d. ... deben generar resistencias.

Glosario

Adobo
Consiste en introducir el producto ya troceado, en un preparado con elementos que mejoran su conservación, además de aromatizar. Entre estos elementos, cabe destacar el aceite, la sal o el vinagre.

Ahumado
Consiste en la penetración en el producto de unos agentes bactericidas como el metanal y la creosota, que se encuentran en el humo. Esto unido a la deshidratación y conservación en frío del producto, hace casi imposible el desarrollo de microorganismos.

Aperitivo
Es la comida que se toma para abrir el apetito, normalmente antes de la comida principal del mediodía, tiene cada vez más relevancia en los actos sociales.

Botulismo
Es una enfermedad provocada por la bacteria *Clostridium botilinum*. Esta puede entrar al organismo a través de las heridas o pueden vivir en alimentos mal enlatados o mal conservados.

Bresa
Conjunto de verduras (cebollas, zanahorias, puerros y ajos, cortados a trozos y aromatizados con hierbas aromáticas) que se utiliza para los asados.

Briefing
En el sector publicitario y de comunicación pública es el documento o la sesión informativa que proporciona información a la agencia de publicidad para que genere una comunicación, anuncio o campaña publicitaria.

Calidad concertada
Es un acuerdo establecido entre el comprador y el proveedor, según el cual, se atribuye al proveedor una determinada responsabilidad sobre la calidad de los lotes suministrados, que deben satisfacer unos niveles de calidad previamente convenidos.

Calidad

Es el conjunto de características de un producto o servicio que cumplen con las expectativas del cliente para el cual fueron diseñados, satisfaciendo sus necesidades y expectativas. También involucra que la productividad, la rentabilidad y la aceptación en el mercado sean proporcionales al nivel de satisfacción del cliente.

Canapé

Pequeño bocado que sirve como aperitivo o como un pequeño alimento antes de que se sirvan los platos principales o centrales.

Compota

La conserva de frutas u hortalizas, enteras o partidas en trozos, a los que se les ha incorporado solución azucarada, con una graduación final inferior a 14° Brix.

Deshidratación

Consiste en hacer que un producto pierda toda su agua, de manera que el desarrollo del microorganismo sería muy difícil, ya que estos necesitan un cierto grado de humedad para sobrevivir.

Dispersabilidad

Facilidad con la que las partículas se distribuyen, de forma individual, en la superficie o el espesor del agua.

Encurtidos

Frutos y yemas de plantas conservados en vinagre, que se comen como entremeses o como tapas. Entre ellos se encuentran aceitunas, alcaparras, cebolletas, altramuces, berenjenas y pepinillos.

Escabeche

Se introduce el producto en un preparado cocinado a base de vinagre, aceite, sal y especias, cuyas proporciones serían de 2 partes de aceite, una de sal y una de vino blanco, azúcar, sal, laurel, unos granos de pimienta y unos dientes de ajo.

Escaldar

Introducir un alimento en agua hirviendo durante unos minutos, con el fin de ablandarlo, facilitar su pelado, etc.

Esterilización

Es un proceso que destruye en los alimentos todas las formas de vida de microorganismos patógenos o no patógenos, a temperaturas adecuadas, aplicadas de una sola vez.

Farsa
Es el picadillo formado por masas de carnes, pescados o verduras, que sirve para rellenar.

Frío criogénico
Técnicas utilizadas para enfriar un material a la temperatura de ebullición del nitrógeno o a temperaturas aún más bajas. La temperatura de ebullición del nitrógeno es de -195,79 °C.

Hierbas aromáticas
Plantas frescas o secas que se utilizan en la cocina, perteneciendo la mayoría de ellas a la cultura occidental.

Humectabilidad
Capacidad que tienen las partículas para absorber agua en la superficie y poder iniciar la rehidratación.

Insumo
Este término equivale en ocasiones al de materia prima. En general, los insumos pierden sus propiedades y características para transformarse y formar parte de un producto final.

Irradiación
Tratamiento que puede darse a ciertos alimentos mediante radiaciones ionizantes, generalmente electrones de alta energía u ondas electromagnéticas (radiación X o gamma). El proceso involucra exponer los alimentos a cantidades controladas de esa radiación para lograr ciertos objetivos.

Liofilización
Es una deshidratación a temperaturas por debajo de cero grados, se congela el producto y se somete a una cámara de vacío hasta la eliminación del agua convertida en hielo, quedando únicamente el extracto seco.

Lixiviación
Es un proceso en el que un disolvente líquido (agua, por ejemplo) se pone en contacto con un sólido pulverizado para que se produzca la disolución de uno de los componentes del sólido.

Mezclum de lechuga
Combinación de lechugas.

Panaché
Es una elaboración con terminología francesa, en la que se presentan diferentes verduras, con cortes y cocciones diferentes. En esta presentación

se ponen en práctica varias técnicas de cocinado, como son el salteado, el asado y la cocción al vapor.

Pasteurización
Destrucción térmica de los microorganismos presentes en determinados alimentos, con el fin de permitir su conservación durante un tiempo limitado.

Pastillaje
Técnica de decoración a base de azúcar, y acompañada de otros ingredientes como son agua y gelatina.

Peperoncino
Es una pequeña guindilla picante, se comercializa fresca o seca. Hoy día también se puede encontrar molida.

Plato combinado
Es un plato de comida constituido por diversos alimentos combinados en un solo plato.

Rehidratación
Proceso que ayuda a restaurar las propiedades del alimento fresco, anteriormente deshidratado.

Salazón
Consiste en la penetración de sal dentro del producto, absorbiendo esta la humedad y provocando una deshidratación parcial que hace que disminuya el posible desarrollo de microorganismos.

Solubilidad
Velocidad y el grado de disolución de las partículas en el agua.

Sumergibilidad
Capacidad que tienen las partículas para hundirse en el agua.

Tindalización
Esterilizar por el calor, en varios tiempos, para que en uno y otro se desarrollen las esporas en formas adultas, las cuales son destruidas posteriormente con más facilidad.

Uperización (U.H.T.)
Sistema esterilizador más moderno, basado en la relación temperatura-tiempo, utilizando temperaturas de 140 °C o mayores, normalmente en forma de vapor durante muy pocos segundos.

Bibliografía

Monografías

→ CARO Sánchez-Lafuente, A.: *Servicios especiales en restauración*. Antequera: IC Editorial, 2020.

Este manual presenta un análisis completo sobre los trabajos a realizar en restauración, identificando los materiales más adecuados y específicos para el servicio, conocer los distintos tipos de montajes de salones y mesas, el control de los gastos, el manejo de una orden de servicio. El montaje de *buffet* y resto de servicios especiales en restauración.

→ CARO Sánchez-Lafuente, A.: *Sistema APPCC y prácticas correctas de higiene. INAD046PO*. Antequera: IC Editorial, 2019.

Este manual presenta las generalidades del sistema de análisis de peligros y puntos de control crítico (APPCC), así como las directrices generales para su aplicación.

→ RUIZ Jiménez, E.: *Ofertas gastronómicas*. Antequera: IC Editorial, 2021.

Este manual ofrece información sobre las fórmulas en la restauración, la clasificación de los establecimientos y sus propuestas culinarias, determina los efectos en base al proceso evolutivos que está sufriendo el sector, así como la asignación de los precios a imponer, todo ello basado en el estudio de la macroeconomía y microeconomía, etc.

→ VV. AA.: *Preelaboración y conservación culinarias*. Antequera: IC Editorial, 2023.

Este manual expone la correcta utilización de equipos, máquinas, útiles y herramientas que conforman la dotación básica de los departamentos de cocina, de acuerdo con sus aplicaciones y en función de su rendimiento óptimo.

→ TORRES Arminio, J. J.: *Gestión del proyecto de restauración*. Antequera: IC Editorial, 2016.

Este manual ofrece información sobre los requisitos constructivos que deben cumplir las instalaciones y equipamientos en restauración, así como la descripción del estudio de viabilidad de un proyecto de apertura de un negocio de restauración. También desarrolla información sobre los distintos planes económico-financieros de todo proyecto de restauración (ratios básico, plan de financiación, plan de inversión, estimación de gastos, etc.).

Textos electrónicos, bases de datos y programas informáticos

→ Agencia Española de Seguridad Alimentaria y Nutrición, de: <https://www.aesan.gob.es/AECOSAN/web/home/aecosan_inicio.htm>.

Página web de AESAN, Agencia Española de Seguridad Alimentaria y Nutrición, desde la cual se ofrece información objetiva a los consumidores y agentes económicos del sector agroalimentario español.

→ Ministerio de Agricultura, Pesca y Alimentación – Ministerio para la Transición Ecológica, de: <http://www.mapama.gob.es/>.

Página web de MAPAMA, Ministerio de Agricultura, Pesca y Alimentación – Ministerio para la Transición Ecológica, desde la cual se ofrece información completa y actualizada sobre Agricultura, Pesca y Alimentación ofreciendo datos en torno a razas, estadísticas, cambio climático, calidad y evaluación ambiental, etc.

Legislación y normativa

→ Reglamento (CE) nº 852/2004 del Parlamento Europeo y del Consejo, de 29 de abril de 2004, relativo a la higiene de los productos alimenticios.

→ Real Decreto 126/2015, de 27 de febrero, por el que se aprueba la norma general relativa a la información alimentaria de los alimentos que se presenten sin envasar para la venta al consumidor final y a las colectividades, de los envasados en los lugares de venta a petición del comprador, y de los envasados por los titulares del comercio al por menor.

→ Reglamento (UE) nº 1169/2011 del Parlamento Europeo y del Consejo, de 25 de octubre de 2011, sobre la información alimentaria facilitada al consumidor y por el que se modifican los Reglamentos (CE) nº 1924/2006 y (CE) nº 1925/2006 del Parlamento Europeo y del Consejo, y por el que se derogan la Directiva 87/250/CEE de la Comisión, la Directiva 90/496/CEE del Consejo, la Directiva 1999/10/CE de la Comisión, la Directiva 2000/13/CE del Parlamento Europeo y del Consejo, las Directivas 2002/67/CE, y 2008/5/CE de la Comisión, y el Reglamento (CE) nº 608/2004 de la Comisión.

→ Reglamento (CE) nº 1935/2004 del Parlamento Europeo y del Consejo, de 27 de octubre de 2004, sobre los materiales y objetos destinados a entrar en contacto con alimentos y por el que se derogan las Directivas 80/590/CEE y 89/109/CEE.